지금 여기,

산티아고

지금 여기,

산티아고

초 판 1 쇄 2015년 11월 9일
초 판 4 쇄 2018년 7월 19일
지 은 이 한효정
펴 낸 곳 도서출판 푸른향기
디 자 인 화목

출판등록 2004년 9월 16일 제 320-2004-54호
주　　소 서울 영등포구 선유로 43가길 24, 104-1002 (07210)
이 메 일 prunbook@naver.com
전화번호 02-2671-5663
팩　　스 02-2671-5662
홈페이지 prunbook.com | instagram.com/prunbook | facebook.com/prunbook

ISBN 978-89-6782-026-8 03920
ⓒ 한효정, 2015, Printed in Korea

값 15,000원

이 도서의 국립중앙도서관 출판예정도서목록(CIP)은 서지정보유통지원시스템 홈페이지(http://seoji.nl.go.kr)와
국가자료공동목록시스템(http://www.nl.go.kr/kolisnet)에서 이용하실 수 있습니다.
CIP제어번호 : CIP2015029097

지금 여기,
산티아고

한효정 지음

푸른향기
Prunhyang Publishing Co

아프리카의 어느 부족은 개울을 건널 때
무거운 돌을 이고 건넌다고 한다.
급류에 휩쓸리지 않기 위해서이다.
나를 길게 한 것은 무게중심을 잡아주던 배낭과
몸을 의지하고 건넌 스틱, 그리고 당신들이었다.

돌아오기 위해 떠나는 길

비행기는 시속 820킬로미터의 속도로 날아가고 있었다. 나는 프랑스에 도착한 뒤 생장에서부터 피레네 산을 넘어 스페인의 산티아고 데 콤포스텔라, 그리고 피니스테라까지 900킬로미터를 걸을 예정이었다. 비행기로 한시간이면 닿는 거리였지만, 내 걸음으로는 한 달, 아니 40일이 넘게 걸릴지도 모른다. 나는 10킬로그램이 넘는 배낭을 등에 지고 내 삶의 무게까지 얹어 걸을 터였다.

지난 몇 년, 삶은 무슨 이유에선지 매정하게 나를 시험하고 채찍질했다. 대장암 수술을 받았고, 이혼을 했으며, 사업 실패를 겪었다. 지금껏 살아오면서 그 어느 때보다 고통스럽고 외로운 시간들이었다. 나는 울지 않으려 이를 악물었지만 충분히 절망했다. 안에 있으면 답답해 심장이 터질 것 같았고, 밖으로 나가면 익숙한 거리도, 친근한 사람들의 시선도 불편해 도망치고 싶었다. 그러나 여기서 삶을 멈추고 싶지는 않았다. 나는 항복하는 대신 실패한 지점에다 출발선을 죽 긋고 다시 시작하고 싶었다. 삶이 내게 그랬듯 내 자신을 시험해보고 싶었다. 힘들 때마다 쉽게 손 내밀어 도움을 청하고, 지치면 중간에 포기하고 푹신한 내 침대로 돌아올 수 있는 낯익은 거리가 아닌, 물도 설고 말도 선 땅에, 아무도 나를 위로할 수 없는 지구 반대편 세상에 나를 방목해보고 싶었다. 그것이 내가 크리스천이나 가톨릭 신자도 아니면서 예수의 제자인 야고보의 무덤이 있는 곳, 수많은 순례자들이 걸었으며 세계의 수없이 많은 여행자들이 걸어간 길, 카미노 데 산티아고를 택한 이유였다.

서울을 떠나오던 날 내 방의 벽시계가 멈췄다. 나는 그 앞에 서서 잠시 두려움을 느꼈다. 내가 할 수 있을까. 길 위에서 나는 이기고 싶었고, 살아남고 싶었다. 무거운 배낭을 메고 하루 종일 걷다가, 때가 되면 먹고, 불편한 숙소에 누워 잠을 자는 단순한 여행, 낯선 사람들을 스치듯 만나고 기약

없이 헤어지며, 그렇게 일상의 먼지와 녹을 쓸고 닦아낸 뒤 툭툭 털고 가볍게 일어서고 싶었다. 그게 가능하다면 나는 새로 태어난 듯 다시 삶을 시작할 수 있을 것 같았다. 시계의 배터리를 갈아주었다. 언제 그랬느냐는 듯, 멈추었던 시간이 다시 흐르기 시작했다.

많은 사람들이 그 길을 찾는다면 이유가 있을 것이었다. 수없이 많은 사람들이 걸었다면 나도 걸을 수 있을 것 같았다. 산티아고를 걷고 나면 세상에 무서운 게 없다고, 나약하기만 했던 자신을 이겨 자랑스럽다고, 그 길에서 다시 살아갈 무한한 힘을 얻었다고 말하는 선배 순례자들의 말을 믿어보고 싶었다. 그가, 그녀가, 당신이 해냈다면 내가 못할 이유가 없었다. 어쩌면 평생 살면서 걸었던 길보다 더 멀고 험한 길을 엄살하지 않고, 포기하지 않고 완주해낼 수 있다면, 나는 보란 듯 뻐길 수 있을 것 같았다.

봤지? 네가 날 쓰러뜨리려고 했지만 나는 다시 일어섰어. 또 덤벼봐. 난 절대 도망가지 않을 거야!

돌아오는 길, 나는 이렇게 외치며 그까짓 거 아무것도 아니었다고, 삶을 향해 씨익 웃어주고 싶었다. 그러면 앞이 보일 것 같았다. 삶이 나를 시험해서 낭떠러지 끝에 세웠다면 나는 나를 채찍질해서 다시 삶의 출발선에 세울 것이라고, 그런 다짐으로 5월 어느 날 배낭을 꾸렸다.

CONTENTS

지금 여기,
산티아고

CONTENTS

CONTENTS

0일차 파리~생장드피드포르

Paris ~ St. Jean Pied de Port

5월 17일 오전 7시 28분. 파리 몽파르나스역 1번 플랫폼에서 바욘 행 기차가 출발했다. 10킬로그램이 넘는 배낭을 벗어 기차 선반 위에 올려놓자 내 옆 좌석에 앉아 있던 중후한 외국 부인이 물었다.

"카미노?"

"예스."

그녀도 카미노, 즉 산티아고 도보순례를 떠나는 거라고 했다. 우리는 반갑게 악수를 하고 서로를 소개했다. 호주의 작은 도시에서 온 예순 살의 웬디라고 했다. 내가 물었다.

"피터 팬에 나오는 그 웬디?"

그녀가 웃으며 고개를 끄덕였다. 그녀는 파리엔 며칠 전에 도착했고, 생장에 가면 하루 쉬면서 일정을 짜고 짐을 다시 꾸린 후 다음날 출발할 예정이었다. 발목이 조금 아파서 걱정은 되지만 무리하지 않고 천천히 걷겠다고 했다. 석 달 전 어느 날 같은 시각에 웬디는 호주에서, 나는 한국에서 인터넷으로 바욘 행 기차표를 나란히 클릭하고 있었던 우연으로 우리는 같은 날 같은 기차에 나란히 앉게 되었고, 이제 막 산티아고 순례를 시작하려 하고 있었다. 웬디가 아이패드에 담아온 전자책으로 독서를 하고, 옆자리에 앉은 프랑스 커플이 도란거리며 입을 맞추는 동안, 나는 창밖으로 펼쳐진 초록 풍경들을 보다가 졸다가 했다. 시차 때문이었다.

바욘역에 내려서 생장드피드포르(이하 생장) 행 티켓을 발권하고 나니 두 시간이 남아 있었다. 웬디와 함께 강을 따라 걷기 시작했다. 강 건너에 아름다운 건물들이 줄지어 서 있고, 하늘엔 흰 구름이 떠 있었다. 강은 넓고 깊어 보였다. 오후 2시쯤 되었을까. 유람선처럼 보이는 배 안에서 서너 명의 사람들이 늦은 점심식사를 하고 있었고, 강가에서는 대여섯 명의 스페인 젊은이들이 와인을 마시고 있었다.

둘 다 무거운 배낭을 짊어진 채여서 걸음이 느렸는데, 웬디는 나보다 더 느렸다. 햇살이 쨍쨍한데 갑자기 후두둑 빗방울이 떨어졌다.

"여우비네!"

웬디가 소리쳤다. 우리는 우비도 입지 않은 채 걸었다. 다리가 있는 곳까지 갔다가 돌아올 때까지도 젊은이들의 파티는 계속되고 있었다. 웬디와 나는 따뜻한 커피를 마시기 위해 역 앞 카페에 들어갔다. 테이블에 혼자 앉아 샐러드를 먹고 있던 한국인 여자가 나를 멈춰 세웠다.

"한국인이세요?"

"네."

"산 잘 타세요?"

"잘 못 타는데요."

그녀는 내 손을 덥석 잡더니 말했다.

"우리 함께 피레네에서 헤맵시다."

나와 동갑내기인 그녀의 이름은 연. 미국 미주리 주에서 왔으며, 연구소의 연구원으로 일한다고 했다. 그녀는 활달했으나 자신에 대한 이야기는 거의 하지 않았다. 무언가 사연이 있는 사람 같아 보였으나 굳이 캐묻지 않았다. 나 역시 누군가에게 말하고 싶지 않은 이유로 이곳까지 오게 되었으니.

생장으로 향하는 기차는 산티아고까지 도보순례를 하려는 순례자들로 가득 차 있었다. 기차 선반에는 터질 듯한 배낭들이 줄지어 놓여 있었고, 사람들은 상기된 얼굴로 좌석에 앉아 있거나 통로에 서 있었다. 부부나 연인,

친구들끼리 온 사람도 있었지만 대부분 혼자였다. 호주에서 온 44살의 모니카는 공무원인데 휴가를 내서 왔고, 미국에서 온 70살의 마지는 죽기 전에 꼭 카미노를 해보고 싶어 왔다고 했다.

마치 정글 속으로 들어가는 듯 기차는 몇 개의 터널을 지나고, 웃자란 나뭇가지와 나뭇잎들을 헤치며 달렸다. 기찻길 옆으로 강이 굽이쳐 흐르고 있었다. 먹구름이 두터워지면서 빗방울이 굵어졌다. 가는 곳마다 비가 내려 내 별명이 레인메이커라 했더니, 모니카는 나와 함께 다니지 말아야겠다며 웃었다.

터널이 이어졌다. 피레네 산에 가까이 다가가고 있다는 신호였다. 내일이면 프랑스의 국경인 생장에서 피레네 산을 넘어 스페인을 동에서 서로 가로지르는 프랑스길, 일명 야고보길의 순례를 시작하게 된다. 비까지 내려서인지 마음이 가라앉으며 비장한 마음이 들었다. 그때 모니카가 내 귀에 대고 속삭였다.

"할 수만 있다면 이 기차에 탄 사람들의 표정을 모두 카메라에 담고 싶어."

빙고! 나도 같은 생각을 하던 참이었다. 긴 여정을 앞두고 있는 사람들은 설렘과 두려움이 교차하는 표정으로 앉아 있었는데, 그들 눈에 비친 나도 마찬가지였을 것이다.

생장, 두려움과 설렘이 교차하는 곳

기차에서 내려 배낭을 멘 사람들의 행렬을 따라갔다. 순례자사무실로 향

하는 길이었다. 좁은 골목길로 들어서니 가게와 레스토랑, 순례자숙소들이 늘어 서 있었다. 가게에는 카미노 안내 책자와 지팡이, 양말, 모자 등 순례 길에 필요한 물건들이 진열되어 있었다.

순례자사무실 앞에 사람들이 긴 줄을 지어 서 있었다. 내 차례가 되자 순례자 등록을 하고, 크리덴셜(credential)이라 부르는 순례자여권을 발급받았다. 그리고 '생장드피드포르'라는 이름이 새겨진 첫 번째 세요(스탬프)를 받았다. 도장이 찍히지 않은 여백이 아무도 밟지 않은 눈길처럼 하얗게 남아 있었다. 여행이 끝날 무렵에는 이 종이 위에 수많은 도장이 찍히게 될 것이다. 그러니까 이 여백은 앞으로 내가 걸어야 할 길인 셈이었다. 천 년 동안 순례자들이 걸어온 길이지만 나에게는 미지의 길이, 눈길 위에 도장을 찍듯 내 발자국을 꾹꾹 눌러 찍으며 걷게 될 길들이 눈 앞에 펼쳐져 있었다.

1유로를 기부하고 순례자를 상징하는 흰색 가리비 껍질 하나를 골라 위시백과 함께 배낭에 매달았다. 복음을 전파하다가 순교한 예수의 제자 야고보의 시신이 배에 실려 스페인에 도착했을 때 가리비들이 그의 몸을 덮어 보호하고 있었다고 한다. 그 후 가리비는 산티아고 순례길의 상징이 되었다. 가리비 껍질에 난 줄들이 앞으로 내가 걸어야 할 수많은 길처럼 보였다.

산티아고에 몇 번이나 다녀온 적 있는 카미노 카페의 베아트리체 님이 짜준 빨간 비누주머니를 나는 위시백(wish bag)으로 쓰기로 했다. 주머니 안에는 가족과 친구들의 소망이 한 가지씩 적힌 쪽지를 담았다. 비가 오든, 바람이 불든, 험한 산길을 걷든, 끝없이 펼쳐진 고원을 걷든, 날마다 그들을 위해 기도하며 걸을 것이다.

순례자사무실에서 배정해준 알베르게(albergue 순례자숙소)로 찾아갔다. 그곳에서 한국 여성 선주를 만났다. 그녀는 어제 이곳에 도착했다며, 오늘 하루를 쉬고 내일 출발할 예정이라고 했다. 선주는 초등학교 교사로 일하다가 명예퇴직을 하고 순례길에 나섰다고 했다.

연과 모니카, 오스트리아에서 온 안드레아와 함께 레스토랑에서 순례자 메뉴로 저녁식사를 했다. 이 메뉴는 10유로 정도로 세 가지 코스가 나오는데, 1코스에서는 스프나 야채샐러드, 또는 파스타가 나오고, 2코스에서는 육류나 생선이 나왔다. 그리고 아이스크림이나 요플레 같은 후식으로 마무리하는데, 육식을 하지 않는 나는 베지테리언 샐러드와 생선을 시켰다. 순례자 메뉴와 함께 와인이나 물이 나왔다.

식사를 하고 있을 때 휴대폰으로 문자가 왔다. 이제 막 생장에 도착했다는 정희의 메시지였다. 카미노 카페의 오프라인 모임에서 그녀를 처음 만났는데, 부부가 함께 순례를 준비하고 있었다. 식사 후 순례자사무실 앞에 줄을 서서 기다리고 있던 정희 부부를 만났다. 낯선 곳에서 아는 사람을 만나니 무척 반가웠다. 그들은 나와 같은 날 비슷한 시간에 다른 비행기로 인천공항을 출발했는데, 한 발 늦게 생장에 도착한 것이다.

순례 첫날인 내일은 높고 험한 피레네 산을 넘어야 하는 일정이었다. 첫날부터 무리할 필요 없이 무거운 배낭은 차편으로 먼저 론세스바예스로 보내기로 했다. 언은 내일의 산행에 몹시 긴장하고 있었다. 나도 긴장되긴 마찬가지였는데, 그녀의 걱정을 듣다 보니 내가 혹시라도 산 위에서 그녀를

업고 가야 하는 사태가 발생하는 건 아닌가 싶었다. 한편으로는 내일 저녁
엔 상황이 역전된 일기를 쓰는 게 아닌가 싶어 슬그머니 웃음이 나왔다.

　여섯 명의 남녀가 함께 머물게 된 방의 이층침대에 누워 나는 늦도록 잠
을 이루지 못하고 뒤척였다. 낯선 사람들과 한 방에서 자는 일도 익숙지 않
은데 남녀 혼숙이었으니 잠이 쉽게 올 리 없었다. 누군가 가늘게 코를 곯았
다. 반대편 침대에서 잠꼬대를 하는 이도 있었다. 하루빨리 이 낯선 것들과
익숙해져야 한다고 스스로에게 타일렀다.

1일차 생장드피드포르~론세스바에스

St. Jean Pied de Port ~ Roncesvalle 27km

첫날 피레네는 나를 반겨주지 않았다

밤새 천둥번개를 동반한 비가 내렸다. 아침이 되어도 비는 그치지 않았다. 아침식사 때 숙소 주인은 순례자들에게 오늘 피레네에 눈보라가 예상되니 나폴레옹 루트를 피해 발카로스 루트로 가는 게 좋겠다고 했다. 나폴레옹의 부대가 이베리아 반도를 침공할 당시 이 루트를 이용했다고 하여 이름 붙여진 나폴레옹 루트는 험하고 가파르지만 피레네 산의 아름다운 풍경을 감상하며 걷기에 좋은 길이고, 발카로스 루트는 경치는 조금 못 미치지만 도로 상태가 안전해서 자전거 순례자들과 험한 산길을 걷기 어려운 도보순례자들에게 좋은 길이었다. 그리고 기상상태가 좋지 않아 나폴레옹 루트가 폐쇄되었을 때에도 이용하는 길이었다.

순례자사무실에서 내가 도착할 마을로 배낭을 먼저 보내는 서비스(delivery service)를 신청하느라 출발이 늦어졌다. 선주, 연, 정희 부부와 동행하게 되었다. 출발할 무렵에는 빗줄기가 가늘어져 가지 말라던 나폴레옹 루트를 타게 되었다.

이른 아침의 우려와는 달리 5월의 피레네는 푸르렀다. 아카시아가 흰 꽃송이들을 매달고 있었고, 초록빛 사이로 노란 유채꽃들이 긴 목을 흔들며

서 있었다. 산길 양 옆으로는 처음 보는 들꽃들이 물방울을 달고 늘어 서 있었다. 앞서거니 뒤서거니 하며 오르다 걸음을 멈추고 뒤돌아보았을 때, 산 아래 마을들이 동화 속 그림처럼 펼쳐져 있었다. 탄성을 지르기도 전에 다시 빗줄기가 굵어지고 돌풍이 불었다. 입고 있던 우비가 찢어질 듯 펄럭였고, 나무들은 허리를 반으로 꺾으며 울었다. 빗줄기가 사정없이 안경에 부딪치는 바람에 앞이 보이지 않았다. 고개를 숙인 채 이를 앙다물고 땅을 노려보며 걸었다. 첫날부터 악천후라니! 이 길을 배낭을 메고 왔으면 어땠을까. 발걸음이 차츰 느려졌다. 비바람 때문만은 아니었다. 내 발목을 무겁게 잡아당기고 있는 것은. 휘몰아치는 비바람 속에서 중심을 잃고 휘청거리던 내 삶이었다. 내 발목을 붙잡고 있는 것들로부터 도망치지 않겠다고 작정한 첫날부터 비바람 속을 걷게 된 것이다.

8킬로미터를 걸어 산 중턱에 있는 오리손 산장에서 따뜻한 커피로 몸을 녹이며 젖은 옷을 말리고 있을 때였다. 덜컹 문이 열리며 서너 명의 순례자들이 바 안으로 들어섰다. 차가운 기운이 따뜻한 실내로 훅 밀려 들어왔다. 그들은 온몸을 떨고 있었다. 입술은 새파랗게 얼어 있었고, 옷과 배낭에서는 물이 뚝뚝 떨어졌다. 공포영화에서 본 좀비나 유령들 같았다. 바에 있던 사람들은 놀라서 눈을 크게 뜨고 그들을 바라보았다.

"산 위에서 눈보라를 만났어요. 앞은 보이지 않고, 얼어 죽을 것 같았어요."

얇은 옷차림으로 눈보라와 추위를 견딜 수가 없어 차를 불러 내려왔다고 했다. 그들의 참혹한 몰골을 보니, 그 길을 계속 오른다는 것은 미친 짓이나 다름없는 일 같았다. 첫날부터 무리하지 말자. 앞으로 걸어야 할 날들이 많지 않은가. 우리는 급히 계획을 수정해 택시를 불렀다. 발카로스 루트도 눈이 많이 내린다는 소식에 택시로 곧장 론세스바예스까지 가기로 했다. 아름다운 피레네 산을 두 발로 걷지 못해 아쉬웠으나 한편으론 안도했다. 피레네를 넘다가 쓰러지거나 조난당할 위험으로부터 벗어나게 되었으니. 우리를 태운 택시가 힘겹게 피레네를 넘을 때 눈이 나무와 땅과 집들을, 세상을 하얗게 뒤덮고 있었다.

사람은 무엇으로 사는가

5월인데도 론세스바예스는 설국이었다. 눈 덮인 성당과 오래된 성당을 개조해 만든 알베르게, 벽난로에서 장작불이 타오르는 카페와 레스토랑은 계절을 겨울로 되돌려놓았다. 발이 푹푹 빠지는 눈길을 걸어 순례자사무실에 가서 등록을 했다. 순례의 목적을 쓰는 란에서 나는 '종교' 대신 '명상'이라고 표시된 부분에 체크를 했다. 순례자여권을 내밀자 '론세스바예스'라 찍힌 스탬프와 오늘의 날짜를 찍어주었다.

180개가 넘는 침대를 갖춘 시설 좋은 알베르게 1층에는 신발을 벗어놓는 신발장이 있었고, 지하에는 젖은 옷을 말릴 수 있는 따뜻한 방이 있었다. 백

어 컬레의 젖은 신발들이 신발장에 놓여 있었다. 눈보라를 뚫고 피레네를 넘는 순례자들을 무사히 데려온 신발들이었다. 우리는 젖은 신발이 빨리 마를 수 있도록 마른 신문지를 신발 안에 구겨 넣고, 침대가 있는 2층으로 올라갔다. 마주보이는 이층침대가 두 개씩 모두 4개의 침대가 가족실처럼 칸막이로 되어 있어 쾌적하고 아늑했다. 한쪽 면의 아래층은 연이, 사다리를 타고 올라가는 2층은 내가 쓰고, 맞은편의 위아래 침대는 정희 부부가 사용했다. 침낭을 펴고 누우니 따뜻하고 아늑했다. 그들이 한 식구처럼 가깝게 느껴졌다. 따로 침대를 배정받은 선주는 침대 이웃인 영국인 데이비드와 함께 알베르게 주변을 구경하고 성당에 들어가 미사에 참석했다며, 내일은 그와 함께 걷기로 했다고 했다. 남녀 구분이 없는 화장실과 샤워장은 밝고 청결했지만, 팬티만 입고 다니는 서양 남자들 때문에 당혹스러웠다.

혹독한 눈보라에도 불구하고 걸어서 국경을 넘은 사람들이 속속 알베르게에 도착했다. 한 남자 순례자가 눈을 하얗게 뒤집어쓴 채 들어왔다. 나이가 일흔은 되어보였는데, 얼굴은 새파랬고, 입술은 얼어붙어 말을 하지 못할 정도였다. 몸을 구부려 신발을 벗을 수도 없었다. 정희의 남편 규대는 덜덜 떨며 서 있는 그에게 다가가 젖은 우비와 점퍼를 벗겨주었다. 그의 발 아래 무릎을 꿇고 앉아 젖은 신발도 벗겨주었다. 그리고 신발 안에 신문지를 채워주고, 바닥에 떨어진 물을 신문지로 말끔히 닦아냈다. 그제야 얼어붙었던 몸이 풀리고 정신이 드는 듯했다. 애당초 산티아고에 올 계획이 없었던 규대는 아내 혼자 먼 길을 보낼 수 없어 휴가를 내고 따라나서게 된 거라고 했다. 그는 아내를 챙기는 일뿐만 아니라 비에 젖은 사람들의 우비를 벗겨서 털어주고, 지친 순례자들을 돌보았다. 자기가 할 일이 무엇인지를 알고 곧바로 행동으로 옮기는 사람이었다. 몸을 사리지 않는 그에게서 타인을 배려하는 따뜻한 마음을 보았다.

먼 길을 걷지는 않았으나 봄과 겨울을 한꺼번에 만난 탓에 하루가 무척 길게 느껴졌다. 침대 여기저기에서 코 고는 소리가 들려왔다. 시차 때문인지, 다음날부터 본격적으로 시작될 카미노 때문인지 밤늦도록 잠이 오지 않았다. 침대에서 헤드랜턴을 쓰고 정희가 가져온 톨스토이의 『사람은 무엇으로 사는가』를 빌려 읽었다.

'사람의 마음에는 무엇이 있는가. 사람에게 주어지지 않은 것은 무엇인가. 사람은 무엇으로 사는가.'

내가 가진 것과 가지지 못한 것에 대하여, 삶의 이유에 대하여, 한 치 앞을 내다보지 못하고 살아온 삶의 결과에 대하여, 그래서 어떻게 할 거냐고 나에게 던지는 질문 같았다. 어쩌면 건너편 침대에서 자고 있는 규대는 답을 알고 있을지도 모른다. 그것은 길 위에서 내가 풀어야 할 숙제이기도 했다.

2일차 론세스바예스~수비리
Roncesvalle ~ Zubiri 23km

우리 모두는 어딘가를 향해 가고 있다

　숲길 초입에 '산티아고 데 콤포스텔라 790'이라고 쓰인 이정표가 서 있었다. 산티아고까지 남은 거리였다. 그것은 별과 나 사이만큼이나 까마득하게 느껴지는 거리였다. 론세스바예스에서 수비리 구간은 비가 오다 그치다의 연속이었다. 너도밤나무와 떡갈나무 좁은 숲길은 밤사이 녹은 눈과 비로 물웅덩이가 생겼다. 진창이 된 숲길을 지나오느라 스패츠를 했는데도 신발이 다 젖었다.

　최근 몇 년 사이 나에게 일어난 일들을 돌아보았다. 진흙탕 속이었다. 가까스로 빠져나왔나 싶으면 또 다른 진창이 나왔다. 흙탕물을 털어내려 하면 할수록 더 달라붙었다. 그런데 떠나온 이곳에서도 첫날은 비바람과 눈, 오늘은 진창길이었다. 어쩌자고 나는 이곳에 온 걸까. 슬슬 후회하는 마음이 고개를 쳐들고 있었다.

　비가 내리고 질척한 길 위에서도 꽃들은 피어 환했다. 길가에 핀 들꽃과 눈을 맞추며 걸었다. 우리 땅에서 보던 유채꽃과 민들레, 제비꽃, 조팝꽃을 이곳에서 만나고, 얼굴과 엉덩이가 검은 양들을 만났다.

10킬로그램이 넘는 배낭과 숄더백을 멘 어깨가 빠질 듯 아파왔다. 배낭을 벗어놓고 쉬는 도중 연이 어깨를 마사지해주었는데, 너무 아파 소리를 질렀다. 근육이 많이 뭉쳐 있다고 했다. 경직된 마음이 근육으로 뭉친 탓인지도 모른다.

"무슨 일을 하는지 이제 솔직하게 말해봐."

나의 추궁에 연은 그제야 서울에서 대학교수로 재직 중이며, 안식년을 맞이하여 미국에서 지내다가 카미노를 하기 위해 이곳으로 오게 된 거라고 털어놓았다. 처음부터 그렇다고 할 일이지, 직업을 감추려 한 이유를 알 수 없었다.

간간이 내리는 비가 마음을 차분하게 가라앉혀 주었다. 내가 걷고 있는 길 위로 검은 민달팽이와 지렁이들이 흙투성이가 되어 기어가고 있었다. 어느 부주의한 순례자의 발에 밟혀 바스러지는 한이 있어도 갈 길은 가겠다는 듯, 온 힘을 다해 몸의 앞마디로 뒷마디를 끌어당기고 있었다. 그들에게는 온몸으로 바닥을 밀며 길을 건너는 일이 산티아고 가는 길만큼이나 아득하고 먼 길일 것이었다. 우리 모두는 어딘가를 향해 가고 있다. 그 길이 산티아고에 이르는 길이든, 세상의 끝에 이르는 길이든 간절한 소망 하

나 품고 가는 길이기를.

수비리의 공립알베르게에서는 온수가 나오지 않았다. 찬물로 샤워하고
옷을 세탁했다. 세탁이라기보다는 진흙만 털어냈다는 표현이 옳을 것이다.
빨래를 마당에 내다 널었으나 해가 나지 않아 잘 마르지 않았다. 스산한 날
이었다. 마당 의자에 앉아 추위에 떨며 일기를 썼다. 햇볕이 그리웠다. 결
국 젖은 빨래들을 방으로 가지고 들어와 침대와 침대 사이에 빨랫줄을 걸
고 널었다. 방은 난민수용소 같았다. 그걸 보고 있으려니 마음이 심란했다.
내가 가는 길 위에서는 자주 비가 내렸고, 나는 젖은 빨래처럼 무거웠다.
가벼워지고 싶었다. 빨래들이 햇볕에 뽀송뽀송 말라가는 것을 지켜보며 긴
의자에 앉아 와인을 마시고 햇빛샤워를 하고 싶었다.

와인을 사려고 연과 정희 부부와 함께 슈퍼마켓에 갔는데, 일요일이라 닫혀 있었다. 마침 저녁 시간도 되고 해서 근처 레스토랑으로 들어가 순례자 메뉴를 시켰다. 주문을 받으러 온 웨이터가 물었다.

"물을 드릴까요? 와인을 드릴까요?"

우리는 합창하듯 대답했다.

"와인, 플리즈!"

와인을 물처럼 마시는, 물 값과 와인 값이 같은 나라였다. 한 명이든 두 명이든 한 테이블 당 와인 한 병이 나오는데, 와인을 많이 마시고픈 욕심에 각자 다른 테이블에 앉아 주문하고, 와인을 모아 함께 식사하자는 의견까지 나왔으나 한 번도 실행에 옮기진 못했다.

3일차 수비리~팜플로나
Zubiri ~ Pamplona 20.5km

불편한 동행

아침을 먹을 곳이 마땅치 않아 자판기에서 샌드위치를 사서 물과 함께 먹었다. 연은 커피를 마시고 싶어 했으나 그 역시 여의치 않아 다음 마을의 바에 들르기로 했다. 아르가 강을 끼고 걷는 길은 아름다웠다. 강은 물살이 셌고, 깊어보였다. 맑은 물속에서 송어들이 헤엄치고, 강가에서 누군가 긴 낚싯대를 드리우고 서 있을 것 같았다.

다음 마을 초입에 다다랐을 때 연은 영국인 친구를 만나 멈춰 서서 이야기를 나누었다. 나는 바에 들르자고 했던 그녀의 말을 잊고는 계속 걸었다. 한참 후에 허겁지겁 뒤따라온 그녀가 버럭 소리를 질렀다.

"저 마을에서 커피를 마시고 가기로 했잖아. 길도 모르면서 앞장서 가면 어떻게 해?"

나는 그녀의 느닷없는 버럭에 황당했으나 짧게 "쏘리"라고만 응답했다. 갑자기 우리 사이에 냉기류가 흘렀다. 냉랭해진 분위기에 정희 부부는 연과 내 눈치만 살폈다.

잠시 길가에 앉아 쉴 때 그녀에게 말했다.

"이제부터 난 따라가기만 할 테니 네가 앞장서렴."

그 후 식사를 하기 위해 들른 바에서 그녀가 내게 사과를 했으나 불편한 마음은 가시지 않았다. 함께 지내는 일은 편리하긴 하지만 내가 바라던 카미노가 아니었다. 나를 힘들게 했던 관계들로부터 벗어나고 싶었다. 고독과 불편을 감내하리라는 각오로 함께 오고 싶어 했던 후배도 제쳐두고 혼자 온 여행이었다. 그런데 지금 내 모습은 어떤가. 스스로 길을 찾으려 하지 않고 사람들을 따라다니고, 그들이 원하는 알베르게에 머물렀다. 이곳에서 나는 다시 관계를 만들며 그것을 거북스러워하고 있었다.

팜플로나, 소몰이축제, 그리고 헤밍웨이

거대한 성벽으로 둘러싸인 팜플로나는 중세의 도시처럼 보였다. 옛날 유럽 영화에서나 본 듯한 집들이 다닥다닥 붙어 있어 마치 촬영장에 와 있는 것 같았다. 쾌적하고 따뜻한 알베르게에서 샤워 후 휴식을 취하고 있을 때, 언이 팜플로나엔 볼거리가 많다며 서두르자고 했다. 몇 시간 전의 껄끄러웠던 신경전은 잊어버린 듯 스스럼없는 태도에 내 마음도 다소 누그러졌다.

숙소 근처에 있는 대성당은 닫혀 있었다. 성당 마당에 좌우로 놓인 거대한 아이의 두상이 눈에 들어왔다. 한 아이는 눈을 감고, 다른 아이는 눈을 크게 뜨고 있었다. 니체에 의하면 인간의 정신은 세 단계를 거치게 된다고 한다. 사회적 관습을 맹목적으로 따르는 '낙타'의 단계, 일체의 억압을 부정하고 자유를 추구하는 '사자'의 단계, 그리고 '아이'의 단계이다. 그 중 가장 높은 단계가 '아이'의 정신이라고 했다. 니체의 아이는 솔직함과 당당함을 상징한다. 신에게로 가는 길은 아이와 같은 마음으로 눈을 감고 들어갔다가 지혜의 눈을 얻어 나오는 길인지도 모른다는 생각이 들었다.

연은 성당 앞에서 손을 벌리고 있는 집시여인에게 돈을 주었다. 나는 늘 마음뿐 몸은 이미 그들을 지나쳐 가 있었다. 적선도 습관이었다.

광장에서 사람들이 벤치에 앉아 햇볕을 쪼이고 있었다. 나이 지긋한 남자가 벤치에서 기타를 치고, 그 앞에서 서너 살쯤 된 여자 아이가 음악에 맞춰 춤을 추었다. 나도 광장에 앉아 햇볕을 즐기며 쉬고 싶었으나, 연이 내 팔을 잡아끌었다.

"네가 꼭 만나야 할 사람이 있어."

내가 투우경기장 앞에서 만난 것은 사람이 아니라 어니스트 헤밍웨이의 흉상이었다. 산페르민축제, 일명 소몰이축제로 유명한 팜플로나는 소설

『태양은 다시 뜬다』에서 축제 장면이 생생하게 묘사되어 헤밍웨이와도 인연이 깊은 곳이었다. 어제 지나온 부르게떼라는 마을은 실제로 그가 이 소설을 집필한 곳이라고 했다.

> 옆구리가 진흙투성이인 육중한 황소들은 뿔을 휘두르며 함께 질주했는데, 그중 하나가 앞서 내닫더니 인파의 후미를 달리던 한 사람을 치받아 공중으로 들어 올렸다. 뿔이 박힐 때 그는 고개가 뒤로 젖혀졌고, 양팔이 옆으로 벌어졌다. 황소는 그를 들어 올렸다가 떨어뜨렸다. 황소는 다시 그 앞에 달려가던 다른 사람들을 표적으로 삼았는데 그는 인파 속으로 묻혀 버렸다. 인파는 입구를 통과하여 투우장으로 들어갔고 황소들이 뒤따라 들어갔다.
>
> – 『태양은 다시 뜬다』 (한겨레출판)

흰 옷에 붉은 스카프를 맨 헤밍웨이가 똑같은 옷차림을 한 사람들과 함께 황소를 쫓아 좁은 골목길을 질주하는 모습이 떠올랐다. 누군가 넘어졌다. 성난 황소의 뿔에 박혀 쓰러진 사람은 바로 나였다. 사람들의 고함소리와 와자지껄한 웃음소리가 들리는 것 같았다. 일어서야 한다. 나는 아직 죽지 않았으므로. 피투성이 몸을 질질 끌고서라도 내가 살아 있음을 스스로 증명해야 한다. 사람들이 모두 몰려가고, 나 혼자 골목길에 남아 있어도 나는 짓이겨진 꽃들을 밟고 길을 가야 한다. 내가 생각에 잠겨 있는 동안, 헤밍웨이의 흉상이 그윽한 눈길로 나를 내려다보고 있었다.

지금 여기,
산티아고

4일차 팜플로나~푸엔테 라 레이나

Pamplona ~ Puente la Reina 25km

푸른 밀밭과 노란 유채꽃밭이 끝없이 펼쳐진 사이로 걸었다. '용서'라는 뜻의 페르돈고개로 가는 길이었다. 용서의 고개로 가는 길은 아름다웠으나 멀고 힘든 길이었다. 구름이 낮게 내려와 있기도 했다. 금세 닿을 듯 닿지 않는 고개를 바라보며 걷기를 두어 시간, 고개 위에 서 있는 풍력발전용 바람개비가 먼저 눈에 들어왔다. 가까이 다가가자 귀를 찢을 듯 커다란 바람개비 소리가 페르돈고개를 휘감고 있었다. 돈키호테의 풍차가 떠올랐다. 용기와 열정만으로 이 먼 길을 걷고 있는 내가 돈키호테 같다는 생각이 들었다.

바람이 심하게 부는 고개에서 한 남자가 음료수를 팔고 있었다. 누가 음료수를 사먹을 거라고 이 무시무시한 굉음 아래에 서 있는 걸까. 고갯마루에 서 있는 철 동상들은 모두 순례의 길을 가고 있는 것처럼 보였다. 어떤 이는 두 발로 걸어서, 어떤 이는 나귀를 타고 있지만 그들이 향하고 있는 곳은 같았다. 산티아고 데 콤포스텔라, 별들의 들판이었다. 하지만 그들은 그곳에서 한 발자국도 뗄 수 없었다. 용서하지 못한, 혹은 용서받지 못한 무언가가 그들의 발을 이곳에 묶어놓았는지도 모른다. 오래도록 이곳에 서 있느라 녹이 슬어 있기도 했다. 움직이지 않는 순례자들을 하나하나 손으로 쓰다듬고 내려오는 길. 사람들의 발길에 닳고 닳은 돌멩이들이 둥글 대로 둥글어져 산길에 누워 있었다. 천 년 동안 밟히고 깎인 돌멩이들이었다. 나는 얼마를 갈고 닦아야 둥근 돌이 될까 생각하다가 느닷없이 폭풍 같은 눈물이 쏟아졌다.

한 사람이 떠올랐다. 이십육 년을 함께 살던 여자로부터 어느 날 갑자기

이별통보를 받은 사람. 헤어지지 않겠다고 버티고 버티던 사람. 사랑받지 못해 외롭고 쓸쓸한 사람. 나는 하루아침에 그의 삶을 뒤집어놓았다. 그를 벼랑 끝으로 내몰았다. 나로 인해 상처가 깊었을 그에게 용서를 구하고 싶었다. 어떤 변명도 하지 않을 것이다. 그도 이제 나를 내려놓고 가벼워지기를 바랐다. 거대한 바람개비가 우-우-우, 함께 울었다. 뒤돌아보니 연도 울고 있었다. 나는 그녀의 울음을 방해하지 않으려고 걸음을 빨리했다.

5일차 푸엔테 라 레이나~에스테야
Puente la Reina ~ Estella 22.4km

연과 정희 부부와 헤어져서 걸었다. 정희 부부는 일정이 빠듯해서 중간
중간 버스로 건너 뛸 거라 했다. 걷기에 최상의 날씨였고, 이보다 더 좋을
순 없는 컨디션이었다. 드디어 혼자가 되었다! 홀가분했다. 내 페이스대로
걸으며 마음껏 해찰하고, 멈추고 싶을 때 멈추며 여행자로서의 자유를 실
컷 누릴 수 있게 되었다. 비로소 온전한 나로 돌아온 것 같았다.

푸엔테 라 레이나를 벗어나 한두 시간쯤 갔을 때 멀리 언덕 위에 마을이
보이기 시작했다. '살모사의 둥지'라는 뜻을 가진 시라우끼라는 마을이었
다. 푸른 밀밭과 흰 구름, 그 아래로 둥지 같은 마을이 보이고 집들이 오밀
조밀 모여 있었다. 마을을 덮고 있던 구름이 벗겨지면서 햇살을 받은 마을
이 조명을 받은 무대처럼 환하게 빛났다. 전략적으로 높은 곳에 있어 지나
가기가 어려운 곳이라 붙여진 이름이라 했다. 그래서일까. 그곳은 멀리 있
는 별처럼 아름다웠지만 위태로워 보였다.

데이비드와 함께 걷고 있는 선주를 만났다. 그들은 며칠째 길동무가 되어
걷고 있었다. 데이비드는 그녀에게 이성으로서 관심을 가지고 있는 것 같
았다. 함께 여행을 하거나 길을 걷는 것만큼 서로에 대해 잘 파악할 수 있
는 일도 없을 것이다. 길가에 핀 붉은 개양귀비 꽃을 보고, 종달새 소리를
들으며 서로의 발걸음 소리를 듣고 상대의 걸음에 맞추며 걷는 일은 아름
다운 하모니가 될 것이다. 그런데 안타깝게도, 이제껏 독신으로 살며 남자
를 가까이 해본 적 없다는 그녀는 그가 진지하게 다가오는 것을 부담스러
워하고 있었다. 그래서인지 그와 함께 걸을 때에도 거리를 두고 걸었다. 나
무와 나무 사이의 간격 만큼이었다.

    가까이 있으면 뿌리끼리 엉겨 제대로 자라지 못하는 나무처럼, 우리는 너무 가까운 탓에 서로에게 상처를 주고받기도 하고, 사랑이라는 이름의 뿌리로 옮아매기도 한다. 그러다 보면 상대의 아름답지 않은 모습을 보게 되고, 알고 싶지 않은 속내를 알게 되어 관계를 치명적으로 몰아가게 된다. 가장 가까운 사람에게 받는 상처가 더 깊고 아픈 것도 그 때문일 것이다. 선주가 좀 더 마음을 열면 좋을 텐데 싶다가도, 사람과 사람 사이의 관계를 원만하게 유지하기 위해서는 너무 가깝지도 너무 멀지도 않은 딱 그만큼의 간격이 좋다는 것을 그녀는 이미 알고 있는지도 모른다는 생각이 들었다.

서로 약속한 것도 아닌데 연은 뒤늦게 에스테야에 도착해서 내가 머무르는 알베르게로 왔다. 양쪽 새끼발가락이 퉁퉁 부어 있었다. 드디어 혼자가 되었다고 속으로 쾌재를 불렀는데, 부어오르는 발가락으로 힘들게 걸었을 연을 생각하니 미안했다. 이제 그녀를 두고 가지 않겠다고 다짐했다. 연이 샤워하고 빨래를 하는 동안 나는 슈퍼마켓을 찾기 위해 밖으로 나왔다. '별'이라는 뜻의 에스테야는 생각보다 큰 도시였다. '좋은 빵과 훌륭한 포도주, 고기와 물고기가 넘쳐나는 행복한 도시'라고 안내서에 적혀 있었다.

아르가 강에서 낚시를 하던 소년이 올라오고 있었다. 나는 아이를 멈춰 세웠다. 소년의 바구니는 텅 비어 있었다. 물고기를 한 마리도 낚지 못한 것 같았다. 아이에게 영어로 슈퍼마켓 가는 길을 물었다. 아이는 손으로 길 건너를 가리키며 스페인어로 설명을 하는데, 무슨 뜻인지 도무지 이해할 수 없었다. 길 건너 가게엔 채소와 과일은 있지만 고기는 없다는 말만 겨우 알아들었다.

이곳에 온 이후로 어린아이부터 어른에 이르기까지 무언가를 부탁했을 때 그들이 응답하는 방식에 감탄하곤 했다. 그들은 영어를 못한다 해서 도움을 거절하지 않았다. 상대가 못 알아듣더라도 그들의 언어로 최선을 다

해 도와주려 했다. 친절과 배려가 몸에 밴 사람들이었다.

시에스타(낮잠) 시간이라 대부분의 상점은 닫혀 있었다. 마을을 한 바퀴 돌다가 선주를 만나 열려 있는 가게를 찾아 이라체와인 한 병과 계란, 치즈 등을 사가지고 왔다. 연은 아무것도 먹지 못하고 이층침대에 누워 있었다. 그녀를 끌어내렸다. 숙소 1층에 있는 주방에서는 몇몇 사람이 홍합을 사다 가 삶아먹고 있었다. 선주가 몇 개를 얻어 와 까먹었는데 정말 쫄깃하고 맛 있었다.

와인 몇 잔을 마시자 연은 다시 눈물을 쏟아냈다. 그녀는 치매에 걸린 어 머니와 함께 살고 있었는데, 6년 전 여름 어머니를 오빠네에 맡기고 스코 틀랜드로 여행을 떠났다. 돌아와서도 어머니를 모시러 가는 걸 미루고 미 루다 계절이 바뀌고 며칠만 더, 며칠만 더 하는 사이에 갑자기 돌아가셨다 고 했다. 그녀는 어머니를 황망하게 떠나보낸 것이 제 탓이라며 그 죗값을 치르려고, 몇 년 동안 묵혀 놓은 벌을 받으러 이 길을 오게 되었다고 했다. 그래서 하느님께 자신을 용서하지 말라고 기도한다고 했다. 페르돈고개를 내려오며 그녀가 흘린 눈물도 어머니 때문이었다. 그녀에게 산티아고 가는 길은 참회의 길이었다. 그녀가 자신을 밝히려 하지 않았던 이유도 그래서였던가 보다.

우리 모두는 용서하고 용서받아야 할 일이 있다. 나로 인해 알게 모르게 상처받았을 사람들을 떠올렸다. 그들 모두에게 용서를 구하고 싶었다.

6일차 에스테야~로스 아르코스

Estella ~ Los Arcos 21km

발가락이 아직 낫지 않았는데 연은 먼저 가라며 내 등을 떠밀었다. 정말 괜찮겠냐고 몇 번이나 물었지만, 그녀가 짐이 되어 나까지 못 걷게 될까봐 내심 걱정스럽던 참이었다. 그녀는 어서 가라고 손짓을 했다. 결국 다음 마을의 숙소에서 만나기로 하고 내가 먼저 길을 나섰다.

아예기의 이라체수도원 근처 양조장을 지나고 있을 때였다. 양조장과 연결된 담벼락에 두 개의 수도꼭지가 있었는데 꼭지를 틀면 오른쪽에서는 물이, 왼쪽에서는 와인이 쏟아졌다. 보데가스 이라체라는 포도주 제조업체에서 무료로 제공하는 와인이었다. 수도꼭지에서 공짜 와인이 물처럼 쏟아진다는 사실에 흥분해서 어떤 이는 수도꼭지에 입을 대고 와인을 받아 마시기도 하고, 어떤 이는 커다란 물병에 와인을 가득 채우기도 했다. 이른 아침이었고, 걷기 시작한 지 얼마 안 되었지만 나 역시 한번밖에 없는 기회를 놓치고 싶지 않았다. 나는 미리 준비해간 컵으로 와인 한 잔을 받아 마셨다. 네모난 돌 위에는 다음과 같은 문구가 새겨져 있었다.

'산티아고에 힘과 활기를 가지고 도달하고 싶은 이여! 여기 있는 포도주

한 모금이 행복을 가져다주리라.'

갈림길이 나왔다. 그곳에는 이라체로 가는 두 개의 이정표가 서 있었다. 나는 거리상 짧은 길을 선택했는데, 그 길은 사람이 적었고, 갈수록 노란색 화살표가 보이지 않았다. 왠지 불안한 마음이 들었다. 갈림길에서조차 있어야 할 이정표도 보이지 않았다. 다른 길로 갔어야 했을까. 왔던 길을 다시 돌아가기엔 너무 멀리 왔다. 어찌해야 할지 몰라 한동안 그 자리에 서 있었다. 그때 멀리서 두 명의 남자 순례자가 이쪽으로 걸어오고 있었다. 나는 그들을 기다렸다. 스페인 순례자들이었다. 그러나 그들도 길을 찾지 못해 우왕좌왕했다. 함께 헤맨 끝에 가까스로 고속도로에서 카미노 표지판을 찾았다. 그러나 그 길은 자동차들이 질주하며 일으키는 바람에 몸이 흔들릴 정도였다.

그들을 따라 반시간쯤 걸었다. 제대로 가는 걸까? 저 건장한 사내들이 갑자기 돌아서서 나를 덮치기라도 하면 어쩌지? 의심과 불안으로 스틱을 쥔 두 손에 단단히 힘을 주었다. 만일의 경우 스틱이 방어용 무기로 돌변할 수 있도록 긴장을 늦추지 않고 걷다 보니 손에서 쥐가 날 지경이었다. 그러다

마침내 자동차 길에서 조금 떨어진 들길을 따라 걷고 있는 순례자들을 발견했다. 그제야 나는 안도의 한숨을 내쉬었다.

그동안 나는 동행들에게 기대어 얼마나 마음 놓고 편안하게 걸을 수 있었던가. 그런데 그들로부터 벗어날 궁리만 하고 있었으니…. 길을 잃고서야 함께 걸어온 사람들과 길 위에서 만난 사람들이 나에게 얼마나 소중한 존재였는지를 깨닫게 되었다.

포도밭과 밀밭이 이어졌다. 집집마다 마당에 포도넝쿨이 담을 타고 올라가고 있었다. 여름이 되면 포도나무 그늘 아래 잘 익은 포도송이가 주렁주렁 매달릴 것이다. 서로를 타고 오르며 길을 내어주기도 하고 길이 되기도 하는 것이 단지 포도넝쿨만의 일은 아닐 것이다.

언제였을까
어디서 날아왔을까
제라늄 화분에
나팔꽃 한 송이 피어났습니다

씨앗을 틔우고
뿌리 내리고
줄기를 타고 올라가도록
제라늄은 몸을 내어주고 있었습니다

사랑은 그런 것이지요
물과 바람과 햇살을 나누는 일
내 몸을 타고 올라가
꽃을 피우도록
길을 내어주는 일입니다

나팔꽃이 제라늄과 몸을 섞고
환하게 피어난 이 아침
나는
누구의 길이 되어주고 있는 걸까요

- 자시 「나팔꽃과 제라늄」

바람에 밀밭이 부드럽게 누웠다 일어서는 풍경을 오래도록 바라보았다. 좀 전의 불안과 두려움은 어디론가 사라져버리고 어느새 평온이 나를 감쌌다. 쓸데없이 의심하고 경계했던 내가 부끄러웠다. 스페인 순례자들은 어느 틈에 앞서갔는지 보이지 않았다.

포르투갈에서 온 보스꼬가 가던 길을 멈추고 몸을 굽혀 무언가를 들여다보고 있었다. 장수하늘소처럼 생긴 곤충이었다. 그는 손을 들어 나를 멈춰 세우고는 곤충이 무사히 길을 건널 때까지 기다려주자고 했다. 곤충이 길을 건너자 보스꼬는 나에게 한쪽 눈을 찡긋하며 웃고는 가던 길을 계속 갔다. 낮달이 우리를 지긋이 내려다보고 있었다.

수녀가 되겠다는 26살 보람이

오후 1시가 넘어서 로스 아르코스에 도착했다. 다음 마을인 산솔까지는 7킬로미터가 넘는 먼 길이라 오늘은 여기서 마무리하기로 했다. 로스 아르코스는 옛날부터 카스티야와 나바라 왕국의 국경에 위치한 농업도시라고 했다. 그래서인지 이곳으로 오는 길에 포도밭과 밀밭이 끝없이 펼쳐져 있었고, 오리나 염소 등 가축을 키우는 집이 자주 눈에 띄었다.

이곳의 공립알베르게에서 선주와 연, 두 명의 한국인 영미와 보람을 만났다. 영미는 41살. 방과후 교사이자 두 아들의 엄마인 그녀는 한 달의 휴가를 얻어 이곳에 왔다. 26살의 보람은 수녀가 되기로 결심하고 이 길을 오게 되었다. 그녀의 쌍둥이 언니도 수녀라고 했다. 집안이 모두 가톨릭임에도 불구하고 부모님은 또 하나의 딸이 수녀가 되겠다는 걸 말리는 모양이었다. 어린 자식이 수도자의 길을 가겠다는데 선뜻 승낙할 부모가 있을까. 성직자가 된다는 것은 숭고한 일이지만, 얼마나 힘겹고 고독한 길인지 알기 때문일 것이다. 이토록 어린 나이에 신의 부름을 받아 그에 응하고자 하는 신념은 어디서 오는 걸까 궁금했다. 영혼의 성숙을 위한 일에 일생을 걸겠다고 작정하고 이곳까지 와서 뚜벅뚜벅 걷고 있는 보람이 나보다 커보였다.

외출했다 돌아온 사이 빨랫줄에 널어놓았던 빨래들이 정갈하게 개켜진 채 각자의 침대 머리맡에 놓여 있었다. 굳이 캐묻지 않아도 누가 한 일인지 알 것 같았다.

릴리에게 김장봉투를 빌려주다

샤워와 빨래를 마치고 방으로 돌아오니 옆 침대의 외국 여자가 내가 들고 있던 김장봉투를 보며 물었다.

"그거 여기서 준 거야?"

"한국에서 가져온 건데, 샤워할 때랑 빨래를 담을 때 쓰고 있어. 빌려줄까?"

"정말 고마워!"

카미노 인터넷 카페에서 이 길을 다녀온 누군가가 김장봉투를 가져가면 쓸모가 있을 거라고 해서 가져왔는데, 외국인 순례자까지도 요긴하게 쓰게 되리라고는 생각지 못했다. 샤워하러 가며 갈아입을 옷을 넣을 때에도, 빨래를 넣을 때에도 김장봉투는 유용하게 쓰였고, 길을 걷다가 쉬고 싶은데 적당한 벤치가 없으면 돗자리가 되었다. 카미노 내내 김장봉투는 없어서는 안 될 필수품이 되었다.

그녀는 스웨덴에서 온 릴리라고 했다. 예순 살. 성화를 그리는 화가이자 유아교육 교사이고, 세 딸의 엄마에 자상한 남편을 둔 남부러울 게 없는 여자였다. 릴리는 춥다며 얇은 침낭을 머리까지 뒤집어 쓴 채 떨고 있었다. 외출할 때 내 침낭을 릴리에게 덮어주었다.

마을을 한 바퀴 돌고 온 후 각자 가지고 있던 라면을 꺼냈다. 모두 세 개의 라면이 모아졌고, 그것을 끓여서 여섯 명이 나누어먹었다. 한국 친구들은 물론이고, 라면을 처음 먹어본다는 릴리도 맛있게 먹었다. 나는 계란 한 줄을 삶아 다음날 간식으로 먹으라며 두 개씩 나누어주었다.

연이 내 앞에 슬그머니 10유로를 내밀었다. 감사의 표시로 나에게 기부하는 거라고 했다. 몇 번의 만남과 헤어짐 속에서 그녀와 나는 어느덧 마음을 열고 속내를 털어놓는 사이가 되었다. 겪을수록 속 깊고 정 많은 사람이었다. 시작 무렵의 서걱거리고 불편했던 감정은 어느새 녹아버리고 우리는 서로에게 조금씩 스며들고 있었다.

아름다운 사람들

레스토랑에서 저녁식사를 하고 근처 성당에 들어가니 저녁미사가 진행되고 있었다. 엄숙하고 경건한 의식이었다. 스페인어로 진행되어 알아듣진 못했지만 지켜보는 것만으로도 마음이 평안해졌다. 마을 사람과 순례자가 반반인 미사가 끝날 무렵, 신부님은 순례자들을 앞으로 불러내 일일이 축복기도를 해주었다.

성당에서 아일랜드의 마리 부부를 다시 만났다. 그들은 깜짝 놀라며 반가

워했다. 그들은 며칠 전 페르돈고개로 가는 길목에서 만난 부부였다. 우리
는 소풍 나온 사람들처럼 밀밭과 유채꽃이 만발한 길 위에 돗자리를 깔고
간식을 나누어 먹으며 이야기를 나누었다. 마리는 인간에 대해 깊은 이
해심을 가진 여자였고, 그녀의 남편은 말이 없지만 타인을 배려할 줄 아는
따뜻한 사람이었다. 그들은 내일까지 걷다가 팜플로나로 돌아간다고 했다.
길 위에서 우리를 만나 행복했다며 즐겁게 카미노를 마치라고 기원해주었
다. 우리는 함께 사진을 찍고 포옹하며 아쉬운 작별을 했다.

　은퇴 후 함께 카미노를 하는 부부들을 길 위에서 자주 만난다. 비가 오면
우비를 걸쳐주고, 길가에 핀 들꽃을 꺾어 아내의 머리에 꽂아주는 남편, 상
대가 느리게 걸으면 기다려줄 줄 아는 사람들. 마리 부부도 그런 사람들 중
하나였다.

　내일은 로그로뇨까지 30킬로미터를 걸을 예정이어서 배낭 배송서비스를
예약하려고 하는데 스페인어를 할 줄 아는 사람이 없었다. 우연히 같은 알
베르게에 머무는 스페인 순례자 프랑크를 만나 도움을 청했다. 그는 전화
로 다음날 우리가 묵을 알베르게를 예약해주고 배송서비스를 신청해주었
다. 먼 길을 걸어오느라 발이 아파 절뚝거리고 있었지만, 그는 우리를 위해
이 번거로운 일들을 기꺼이 해주었다.

　"당신은 천사예요, 프랑크."

7일차 로스 아르코스~로그로뇨

Los Arcos ~ Logrono 30km

로스 아르코스~로그로뇨는 나바라 왕국의 오래된 카미노 구간으로, 전쟁과 전설의 역사를 담고 있는 길이었다. 릴리와 함께 걸었다. 무거운 배낭은 다음 마을로 보낸 상태라 몸이 가벼웠다. 빗방울이 떨어지다가 햇살이 비쳤다. 양쪽으로 포도밭이 늘어선 길을 걷고 있을 때 하늘에 커다란 무지개가 떠올랐다. 무지개 아래를 지나며 릴리에게 지난밤 꿈 이야기를 했다.

용서할 수 없는 사람이 꿈에 나타났다. 나에게 깊은 상처를 주고, 인간에 대해 불신의 씨앗을 심어준 사람이었다. 그는 내 앞에 무릎을 꿇고 사죄하는 척했으나, 진심이 느껴지지 않았다. 오히려 비굴해 보일 뿐이었다. 용서는 상대가 진심으로 자신의 과오를 뉘우칠 때에나 가능한 행위이다.

인간의 수명이 왜 백 년일까. 그건 심장이 고통을 견디는 한계가 백 년이기 때문이란다. 화장터에서도 가장 늦게까지 타는 것이 심장이라고 한다. 정목 스님은 '감정을 바로 보라.'고 하며, 감정을 원숭이에 빗댔다. 우리 안에는 숱한 원숭이가 있다는 것이다. 고통스런 원숭이, 질투하는 원숭이, 불안한 원숭이, 우울한 원숭이, 증오하는 원숭이…. 그런 원숭이들이 무대 위로 뛰쳐나올 때 덩달아 휘둘리지 말고 객석의 관객처럼 지켜보다 보면, 스스로 원숭이들이 물러난다고 했다. 릴리가 말했다.

"네가 아직 털어내지 못한 것이 있다면 이곳에 모두 내려놓고 가렴. 산티아고 가는 길은 불가능해 보이는 일도 가능하게 만드는 길이니까."

어쩌면 내가 품고 있는 원한이나 증오는 무지개 같은 것인지도 모른다. 잠시 보였다 사라지는 것. 잡으려 하면 잡을 수 없는 것. 이런 감정에 집착하느라 나는 소중한 삶을 낭비하고 있었다. 더 이상 분노의 원숭이가 내 마

음을 갉아먹도록 허락하지 않을 것이다. 나는 귀하고 소중한 존재이므로.
멀리 보이는 마을이 햇빛에 반사되었다. 내가 걷고 있는 길 양 옆으로 초록
의 포도밭과 올리브나무가 끝없이 펼쳐지고 있었다.

자상한 유럽 남자들?

비아나에서 오늘의 일정을 마치는 순례자가 대부분이었으나, 릴리와 나
는 배낭을 로그로뇨로 보냈기 때문에 계속 걸었다. 로그로뇨로 가는 길에
는 붉은 개양귀비와 유채꽃, 그리고 처음 보는 꽃들이 지천이었다. 앞쪽에
서 선주가 혼자 걷고 있었다.
"왜 혼자 걷고 있어요?"
그녀는 데이비드와 동행하는 것이 부담스러워서 그를 먼저 보냈다고 했
다. 그녀와 함께 걷고 싶어 했던 데이비드는 몹시 아쉬워하며 앞서 갔다고

했다. 둘의 관계에 진전이 있기를 은근히 기대했던 나는 다소 실망해서 말했다.

"아쉽지만 만날 사람이라면 다시 만나겠지요."

프랑스에서 온 노부인은 입술에 꽃대를 물고 걸었다. 그게 뭐냐고 물었더니 허브라고 했다. 그녀는 개양귀비꽃을 머리에 꽂고 있었는데, 함께 걷고 있는 남편이 꺾어 꽂아준 거라고 했다. 함께 견디고 이겨낸 시간의 힘이 느껴져서일까. 노부부가 앞서거니 뒤서거니 하면서 걷는 모습은 언제 봐도 감동이었다.

로그로뇨 입구에 예브로 강이 흐르고 있었다. 이 강을 가로지르는 석조다리를 건너기 전 잠시 멈춰 서서 숨을 가다듬었다. 다리 너머 대성당의 쌍둥이 탑과 건물들로 보아 도시의 규모를 짐작할 수 있을 것 같았다. 중세와 현대가 공존하는 듯한 분위기였다. 다리를 건너 전날 프랑크가 예약해준 사립알베르게를 찾아갔다. 배낭들이 먼저 도착해서 우리를 기다리고 있

었다. 샤워를 하고 세탁기 속 빨래가 다
돌아갈 때까지도 연은 도착하지 않았
다. 오후 6시가 다 되어서야 그녀는 녹
초가 되어 나타났다. 숙소를 찾느라 두
시간이나 걸렸다고 했다. 연이 쉬는 동
안 릴리와 한국 친구들과 함께 시내 구경을 나섰다. 금요일 저녁이라 도시
사람들 모두가 거리로 나온 것처럼 보였다. 어린아이들은 부모의 손을 잡
고 걷거나 축구를 하며 놀았고, 유모차를 끌고 가던 아빠들은 멈춰 서서 아
기에게 우유를 먹이고, 기저귀를 갈아주며 세심하게 아기를 보살폈다.

늦은 시간 레스토랑에 저녁식사를 하러 갔을 때 릴리는 허기로 쓰러지기
직전이었다. 옆 테이블에서는 노부인들이 카드게임에 열중해있었다. 나는
음식보다 와인을 먼저 청했다. 동석한 이탈리아에서 온 은행가 프랑코가
물었다.

"와인 더 마실래?"

"좋아."

그는 와인 한 병을 더 주문했다. 그가 대접하는 거라고 생각한 건 오산이
었다. 우리는 모두 세 병의 와인을 마셨고, 사람 숫자대로 정확히 나누어서
계산했다.

8일차 로그로뇨~벤토사

Logrono ~ Ventosa 16.5km

외바퀴 위의 사랑

나바레떼까지 혼자 걸었다. 이슬비가 내렸고, 바람이 불었다. 바에 들어
가 따뜻한 커피를 마시고 싶었으나 좀처럼 마을은 나타나지 않았다. 내 앞
에 노부부가 걷고 있었다. 그들은 스틱 두 개를 교차시켜 외바퀴를 달아 카
트를 만들고, 그 위에 두 개의 배낭을 얹어 끌고 다녔다. 한번도 본 적 없는
기발하고 깜찍한 발명품에 웃음이 절로 나왔다. 남편이 카트를 끌고 있었
다. 부인은 빈 몸으로 남편 옆을 걸으며 조곤조곤 이야기를 하고, 낮은 목
소리로 노래를 불러주었다. 간간이 남편의 웃음소리가 들렸다. 그는 배낭
을 살피느라 이따금씩 뒤돌아보았다. 한번은 경사가 심한 자갈길에서 카트
가 중심을 잃고 배낭을 떨어뜨렸다. 남편은 가던 길을 멈추고 돌아서서 떨
어진 배낭을 주워 카트 위에 다시 올렸다.

　살다 보면 버리고 싶은 날 없었을까. 갈 길이 멀어서, 짐이 무거워서, 고
단하고 위태로워서…. 그래도 버리고 가지 않는 게 사랑이다. 한쪽이 중심
을 잃고 휘청거리면 기다렸다는 듯이 손을 내밀어주는 것이 사랑이다. 사

랑은 경주가 아니다. 도달점에 누가 빨리 닿느냐가 아니라, 누구와 함께 어떻게 가느냐이다. 사랑의 도달점은 도처에 있다. 둘이서 나누는 대화 속에, 아내가 들려주는 노랫소리에, 남편의 너털웃음소리에 있다. 나란히 걷고 있는 노부부 뒤로 파란색과 빨간색 배낭이 포개진 채 카트에 실려 흔들거리며 가고 있었다. 내가 지켜내지 못한 사랑을 생각하며 나는 그들 뒤를 따라 천천히 걸었다.

바람 부는 언덕의 헤수스

바람 부는 언덕에 이르렀을 때 이파리가 무성한 나무 아래에서 한 청년을 만났다. 그는 좌판 위에 커피와 홍차, 간단한 스낵과 빵, 과일을 놓고 입술이 새파래진 채 떨며 서 있었다. 노점상인 줄 알았는데 순례자들을 위해 봉사하는 거라고 했다. 그의 이름은 헤수스. 내가 물었다.

"왜 이 추운 날 여기서 고생을 하는 거야?"

"나는 실직자인데, 뜻있는 일을 해보고 싶어 나왔어요."

친구들뿐만 아니라 그의 어머니도 미친 짓이라며 말렸지만, 그는 뭔가를 할 수 있어 기쁘다고 멋쩍게 웃었다. 스페인의 청년 실업률이 50퍼센트에 육박하고 있다는 뉴스기사를 본 적이 있다. 젊은이들이 발붙여 일할 곳이 없다는 것은 안타까운 일이었다. 그러나 헤수스는 세상을 탓하지 않고 추운 언덕에 서서 순례자들에게 먹을거리를 제공하고 있었다. 추위와 바람에 떨며 언덕까지 걸어 올라온 순례자들은 그가 내미는 따뜻한 차와 스낵으로 몸을 덥혔다. 나도 커피 한 잔과 컵케이크 한 개를 먹었다. 얼어붙은 몸이 조금은 녹는 것 같았다. 적은 돈을 기부하고 언덕길을 내려오는데 마음이

훈훈했다. 모든 것은 변한다. 날씨도 변하고 세상도 변한다. 헤수스가 오늘 내 마음을 움직였듯이, 언젠가는 세상을 움직이는 사람이 될 거라고 믿는다. 먼 길 떠나온 나도 지금은 바람 부는 언덕에 서 있지만, 구름 걷히고 바람도 멈춘 어느 햇살 밝은 날 오늘을 떠올리며 환하게 웃고 있을 것이다.

버리지 못한 것들

브라질에서 온 여성 순례자는 한 손엔 스틱을, 다른 손엔 긴 우산을 들고 걸었다. 길이가 맞지 않아 불편할 텐데도 아직까지 우산을 버리지 못했다. 나 역시 매일 아침 배낭을 꾸릴 때마다 짐이 너무 많다고 생각하면서도 버리지 못했다. 부피만 차지하고 있는 코펠을 여태껏 끌고 다니는 것만 봐도 그렇다. 앞서 순례길에 다녀온 사람이 유용하게 쓰일 거라고 조언해줘서 가져온 코펠인데 한 번도 쓰지 않았다. 그녀가 비 오는 날을 걱정하여 우산을 버리지 못하듯, 내가 코펠을 버리지 못하는 건 생계에 대한 걱정을 내려놓지 못했다는 뜻이다.

말이 통하지 않아도 괜찮아

정오 무렵 야트막한 언덕 위에 있는 작은 마을 벤토사에 당도했다. 거의
열흘 동안 강행군을 한 탓에 몸과 마음이 지쳐있어서, 하루쯤 여유 있게 쉬
어가고 싶었다. 오늘이 성 축일이라도 되는지 성당의 종소리가 울리자 마
을 사람들이 광장으로 모여들었다. 그들은 신부님의 인도에 따라 예배를
드리고 성모상을 앞세운 채 노래를 부르며 마을을 돌았다. 낮은 성가곡이
조용한 마을에 울려 퍼졌다.

우리는 알베르게 앞에 배낭을 줄 세워놓고, 마을 주변을 기웃거리며 문
이 열리기를 기다렸다. 순례자들이 아침 일찍 출발하기 때문에 알베르게는
보통 오전 8시면 문을 닫고, 오후 1시나 2시에 문을 연다. 1시가 다 되어 들
어간 알베르게는 조용하고 아늑한 곳이었다. 1층 로비에서는 향냄새와 명
상음악이 흘러나오고 있었다. 이곳을 운영하는 주인 가족의 품위와 배려가
느껴졌다. 다음날 기상 시간에는 그레고리안 성가가 흘러나와 내가 눈을
뜬 이곳이 천국이 아닌가 싶었다.

침대가 8개인 2층 방에 프랑스 노부부와 릴리, 스웨덴의 군 아줌마 등 다
국적군이 룸메이트가 되었다. 다국적군이 주방에서, 침대 방에서 각각 제
나라 말로 떠드는 것을 듣고 있다 보니 웃음이 나왔다. 무슨 말인지 잘

모르지만 그들의 대화를 듣다 보면 분위기가 전해졌다. 그런데 우리나라 사람들끼리 있을 때는 외국인을 앞에 두고 발 냄새가 난다는 둥, 옷을 훌러덩 벗고 다닌다는 둥 서슴없이 흉을 보기도 했다. 그들이 우리말을 알아들을 리는 없지만 제 얘기라는 것쯤은 눈치 챘을 것 같다.

같은 언어를 쓰면서도 말이 통하지 않는 사람이 있는가 하면, 말이 통하지 않아도 몸짓이나 얼굴 표정으로 의사소통을 하고 서로를 이해하는 사람들이 있다. 순례길에서는 언어가 통하지 않는 사람끼리도 함께 걸으며 쉽게 친구가 되었다. 바벨탑을 쌓아 하늘에 닿으려 했던 인간의 오만을 벌하기 위해 신은 인간의 언어를 여러 개로 갈라놓았다고 하지만, 인간에겐 언어 이상의 것이 존재하는 것 같았다. 신은 언어로써 인간을 갈라놓고, 공감과 이해라는 더 큰 언어를 선물로 주신 것이 틀림없다.

구레나룻과 콧수염이 멋진 프랑스 아저씨 샤를은 침대에 눕자마자 코를 골기 시작했다. 부인인 마리가 흔들어 깨워도 막무가내였다. 마리는 나를 보며 어깨를 으쓱해보였다. 나는 스웨덴 친구들과 한국 친구들을 위해 오므라이스와 계란탕을 만들었다. 그들은 내가 요리하는 모습을 카메라에 담았고, 맛있게 먹어주었다. 저녁식사 후 마을 성당의 미사에 참여했는데, 미사 내내 유모차 안에 있던 아기가 나를 보며 방싯거렸다. 미사 후 신부님과 마을 사람들은 일일이 순례자들의 손을 잡고 축복해주었다. 나는 어느덧 알아듣지 못하는 스페인어에 익숙해지고 있었다.

칠레에서 온 로리네 가족

　나헤라의 어느 바에서 쉬다가 로리, 에드워드 부부를 만났다. 그들은 대학생인 두 아들, 에디와 아드리안과 함께였다. 카미노에서 만나 수양딸로 삼은 브리타와 수양아들도 있었다. 그들은 카미노에서 만난 친구들을 카미노 가족이라고 불렀다. 로리와 에드워드는 둘 다 재혼인데, 미국에서 살다가 지금은 칠레에서 살고 있다고 했다. 로리는 두 아들 위로 세 딸이 더 있고, 에드워드의 자식이 둘 있어 모두 일곱 자녀를 두었다며 자랑스럽게 말했다. 워킹 맘인 그녀는 일하면서 다섯 아이 모두를 자기 손으로 키워낸 것을 큰 보람으로 여겼다. 손자손녀가 6명이나 되는데, 이번 여름에 또 한 명의 손자가 생길 거라며 웃었다. 그녀에게서는 활기가 넘쳐흘렀다. 그들은 시간이 될 때마다 가족여행을 하고 있다고 했다. 카미노를 시작하기 전에도 이미 터키를 여행하고 온 터였다. 로리는 두 아들에게 이렇게 말했다.

　"너희가 무거운 배낭을 짊어지고 산티아고까지 걸을 수 있다면, 세상의 어떤 어려움도 헤쳐 나갈 수 있을 거야."

큰아들 에디는 한국 사람들과 함께 멕시코를 여행한 적이 있는데, 그 중 한 명이 그의 손바닥에 한국어로 '에디'라고 써주었다며 나에게 사진을 보여주었다. 이 젊은 친구들은 노래를 부르고 몸을 흔들며 유쾌하게 걸었다. 그들의 생기발랄함에 뒤따라 걷는 나까지 파릇파릇해졌다.

내가 알고 있는 그곳은 그곳이 아니다

아침에 출발할 무렵 동쪽엔 태양이 떠오르고, 서쪽 하늘엔 창백한 보름달이 눈 덮인 산 위로 지고 있었다. 밤중이나 새벽에 저 보름달을 보았더라면 좋았을 텐데, 일찍 자느라, 숙소의 규칙을 지키느라 한밤의 풍경을 놓치고 말았다. 걷는 내내 눈 덮인 산과, 그 위를 떠다니는 구름에 눈을 빼앗겼다. 마지막 5킬로미터는 미스터리 같았다. 시루에나 알베르게라 쓰인 표지판에는 1.5킬로미터만 가면 된다고 쓰여 있었는데 15킬로미터는 되는 것처럼 멀었다. 시루에나는 유령의 마을 같았다. 사람의 그림자 하나 보이지 않았다. 다들 집에서 낮잠이라도 자는 걸까. 아니면 마을 사람 모두 먼 여행이라도 떠난 걸까. 결국 그곳에 여행 왔다는 프랑스 사람이 길을 알려주었는데, 내가 시루에나라고 알고 있던 마을은 그 마을이 아니라고 했다. 갑자기 머릿속이 하얘졌다. 이곳이 시루에나가 아니라니. 나는 어디에 와 있는 걸까. 모든 것이 생경해 보였다. 아침마다 떠오르는 태양은 어제의 그 태양일까. 서쪽 하늘에 떠 있던

보름달은 정말 달이었을까. 내가 알고 있던 사람은 과연 그 사람일까. 나를 곤경에 빠뜨린 그 사람은 정말 나쁜 사람일까. 모든 것들이 뒤죽박죽 되어 버렸다. 와르르 내 안에서 무언가가 무너져 내리는 소리.

금발의 천사를 만나다

내가 시루에나로 착각을 하고 들어선 곳은 새로 조성된 현대식 마을이었다. 그곳을 지나 포장도로를 따라 걷다 보니 길의 끝에 작은 마을이 있었는데, 그곳이 시루에나였다. 이 마을의 유일한 알베르게에 도착하니 연이 먼저 와서 기다리고 있었다. 발의 통증이 심해져 더 이상 걷지 못하고 택시로 이동한 것이었다.

연과 함께 마을에 있는 바에 갔을 때 그곳에는 네덜란드에서 온 순례자 크리스티나와 그녀의 친구가 앉아 있었다. 크리스티나는 키가 크고 금발에, 카리스마 넘치는 외모를 지니고 있었다. 그녀는 절뚝거리며 들어오는 연을 보더니 발을 좀 보자고 했다. 연이 발을 보여주자 자기가 뭔가를 해봐도 되겠냐며 허락을 구했다. 연이 고개를 끄덕이자 자기 옆에 앉혔다. 그리고는 연의 맨발을 자신의 무릎 위에 올려놓았다. 그녀는 두 손으로 연의 발목을 감싸 안고는, 두 눈을 감고 편안하게 있으라고 했다. 연도, 그녀도 두 눈을 감았다. 잠시 후 크리스티나는 연의 발목을 붙잡고 있던 손을 풀어 허공에 대고 탈탈 털었다. 나쁜 기운을 털어 버리려는 듯이. 그리고는 연에게 뭔가 느껴지는 게 있는지 물었다. 연은 발이 훨씬 편안해졌다고 했다. 그렇게 몇 번인가를 반복하는 과정에서 신기하게도 연은 발의 통증이 거의 다

사라졌다고 말했다.

크리스티나는 퀀텀터치(quantum touch) 테라피스트라고 했다. 일종의 기 치료사였다. 단지 상처 부위를 손으로 감싸 안고 있었을 뿐인데, 놀랍게도 치료효과를 본 것이다. 하지만 무엇보다 우리를 감동시킨 것은 치료의 결과보다 그녀가 사람을 대하고, 상처를 대하는 방식이었다. 그녀는 깊은 눈으로 상대를 바라보고 마음을 다해 상처를 보살폈다. 피로와 땀으로 뒤범벅된 타인의 맨발을 서슴없이 감싸 안는 것은 인간에 대한 연민과 사랑이 없으면 할 수 없는 일이었다. 그녀는 오랫동안 기 치료사로 일해 왔으며, 지금은 은퇴하고 농부가 되어 두 마리의 당나귀와 함께 산다고 했다. 연은 절뚝거리며 바에 들어왔다가 멀쩡해진 발로 돌아갔다. 나는 연에게 말했다.

"넌 오늘 천사를 만났구나."

보통 하룻밤 숙박비가 5~10유로인데 시루에나의 알베르게는 13유로나 했다. 난방이 된다고 했으나 되지 않았고, 침대엔 얇은 담요 한 장만 달랑 놓여 있었다. 시설이 다소 불편해도 주인이 친절하면 순례자들은 좋은 기억을 가지고 떠난다. 그런데 주인인 페드로는 불친절했고 퉁명스럽게 굴었다. 신발을 1층에 벗어놓으라고 순례자들을 윽박질렀으며, 누군가 바닥에 흘린 음료수를 물걸레로 닦아내며 화를 냈다. 순례자들은 그의 험상궂은 얼굴이 무서워서 큰소리도 내지 못했다. 이곳에 함께 머물렀던 로리가 말했다.

"지옥에서 온 알베르게 같아."

연은 그에 대해 이렇게 말했다.

"내가 택시를 타고 일찍 도착해서 현관문을 두드리니 이층으로 올라오라더군. 그가 주방에서 밥을 먹고 있더라고. 커다란 접시에 시뻘건 고기 뼈를 가득 발라 놓은 채 털이 부숭숭한 모습이 완전 고깃간주인 같았어."

식당을 찾기엔 너무 지쳐있어서 이곳에서 저녁식사를 하기로 했다. 샤를, 마리 부부와 릴리, 연, 그리고 나, 이렇게 다섯 명은 저녁 6시가 되자 주방 식탁에 앉았다. 페드로가 압력솥처럼 생긴 냄비를 열자 고소한 냄새가 풍겨왔다. 그는 나무 주발에 음식을 두세 국자씩 퍼주었다. 현미에 각종 야채와 소시지, 고기 등을 넣어 끓인 죽이었다. 낮에 예약을 받을 때 그는 각자에게 코스별로 원하는 것을 물었었다. 나는 생선은 먹지만 육류는 먹지 않는다고 말했고, 그는 메모까지 했었다. 내가 물었다.

"고기는 안 먹는다고 했는데, 왜 음식 속에 소시지가 있는 거지?"

"빼고 먹어."

"……."

더 이상 불평하면 먹고 있는 것마저 빼앗길 것 같아 그냥 먹기로 했다. 죽은 생각보다 훨씬 맛있었다. 하지만 뒤따라 나올 음식을 생각해서 조금만 먹었다. 그런데 그게 다였다. 고기나 생선은커녕 샐러드도 나오지 않았다. 이럴 줄 알았으면 더 먹을 걸… 다행히도 와인은 빠트리지 않았다. 우리가 와인 한 병을 다 비우자 이번엔 로제와인이라며 냉장고에서 핑크색 와인을 꺼내왔다. 음식과 와인이 맛있다고 하자 그는 기분이 좋은 듯 빙긋이 웃었다. 그가 웃으니 잘생겨보였다. 그렇게 나쁜 사람으로 보이지 않았다. 마지막으로 커피가 나왔다. 그는 자신만의 방식으로 풀코스를 준비한 셈이었다.

어이없는 저녁식사에도 불구하고 그의 주방은 알베르게에서 가장 탐나는 곳이었다. 밝고 따뜻했으며, 좋은 냄새가 났다. 그는 식사시간 외에는 순례자들을 주방에 얼씬도 못하게 했다. 내가 1층 응접실에 걸려 있는 그림들을 언급하며 직접 그린 거냐고 물었더니 그렇다고 했다. 그에게는 예술가 특유의 괴팍함 같은 것이 있었다. 나는 식사한 사람들 모두 함께 사진을 찍자고 청했다. 페드로도 함께였다. 내가 웃으라 하자 그는 다시 한 번 빙그레

웃었다.

릴리는 내가 그를 두 번씩이나 웃게 한 걸 보니 그가 나를 좋아하는 것 같다며, 담요 한 장만 더 달라고 부탁하면 들어줄지도 모른다고 했다. 그녀의 말에 모두가 와하하, 웃음을 터트렸다. 그가 조금만 더 친절했다면 그의 여자가 되어줄 수도 있을 텐데. 그러면 그는 요리하고, 나는 그곳에 눌러 앉아 순례자들을 맞이하며 알콩달콩 알베르게를 꾸려갈 수도 있을 텐데….

당신은 운이 없는 사내야, 하며 나는 혼자 웃었다.

바에서 하는 아침식사

마을의 바에 들러 먹는 한 잔의 카페콘레체와 한 조각의 또르띠야를 좋아한다. 한두 시간을 걷고 난 후에 하는 아침식사는 꿀맛이다. 오늘 아침에 들른 나헤라의 바에서도 그랬다. 9시. 바의 문이 열리길 기다리며 서 있던 우리에게 여주인은 미안하다며 재빠르게 문을 열어주었다. 그리고는 기다리는 동안 배고플까봐 우선 비스킷이라도 먹으라며 내놓았다. 에스프레소에 우유를 듬뿍 넣어 만든 커피인 카페콘레체(카페라테)는 향기로웠고, 직접 짜서 만든 오렌지 주스는 신선했다. 갓 구워낸 크루아상은 바삭했고, 이제 막 주방의 프라이팬에서 꺼낸 또르띠야는 따뜻하고 부드러웠다. 스페인식 오믈렛이라고도 하는 또르띠야는 감자와 양파를 얇게 썰어 계란에 묻혀 두껍게 구워내는 음식으로 나처럼 육식을 하지 않는 사람들이 즐겨 찾는 영양식이었다. 순례자들이 들이닥치자 그녀는 테이블과 주방 사이를 뛰어다녔다. 그녀의 이마에는 땀방울이 송골송골 맺혀 있었고, 돌돌 말아 올린

머리에서 빠져나온 머리카락이 목까지 흘러내렸다. 일에 열중해 있는 그녀가 아름답고 섹시해 보였다. 깜빡 잊었다는 듯 그녀가 음악을 틀자 귀에 익은 팝송이 흘러나왔다. 음악을 듣고 있으려니 마음이 촉촉이 젖어들었다. 아침마다 만나는 마을의 바와 각각 다른 맛의 카페콘레체, 또르띠야, 바의 주인이 만들어내는 각기 다른 색깔의 분위기는 하루를 시작하는 즐거운 일과 중 하나가 되었다.

10일차 시루에나~비야마요르 델 리오

Ciruena ~ Villamayor del Rio 24km

미국에서 온 채식인 메리

비가 내리고 있는 아침이었다. 릴리는 나보다 1킬로미터쯤 앞서 걷고 있었으나 일부러 따라잡지 않았다. 혼자여서 좋았다. 구운 암탉과 수탉이 식탁 위에서 살아나 울었다는 전설을 가진 산토도밍고 데 라 깔사다를 지나면서 빗줄기가 굵어졌다. 우비를 입어야겠다고 생각하고 처마가 있는 어느 집 앞 벤치에 멈춰 섰다. 그때 한 여성 순례자가 지나가다가 "우노(Uno)?" 하고 물었다. 혼자냐고 묻는 것 같아 그렇다고 대답했다. "영어 하니?" 그렇다고 하자 반가워하며 함께 걸어도 괜찮겠느냐 물었다. 나는 고개를 끄덕였다. 미국 보스턴에서 온 메리는 MIT대학의 교수라고 했다.

"다가오는 6월 13일이면 난 예순 살이 돼. 생일을 자축하는 의미에서 오게 된 거야. 달라이라마를 두 번이나 만날 기회가 있었는데, 한번은 그가 나를 포옹하며 '당신은 타고난 불교인'이라고 하더군. 인도에 두 번 다녀왔고, 아쉬람에서 6개월을 지내며 명상을 했어."

그녀도 나처럼 채식을 하는 사람이었다. 불교, 인도, 명상, 채식…. 빗속을 함께 걸으며 서로의 공통점을 발견할 때마다 우리는 반가움을 감추지 못했다.

　리오하 주의 마지막 마을인 그라뇽의 어느 바에 들러 오렌지주스를 마셨
다. 비를 피해 들어온 사람들로 바는 붐볐다. 화장실에 가려고 줄을 서 있
을 때 릴리가 바 안으로 들어섰다. 앞서 간 줄 알았는데 우리보다 뒤처진
모양이었다. 그녀는 나를 보자마자 울음을 터트렸다. 나는 놀라서 릴리를
안아주었다.

　"혼자 걷게 해서 그러는 거야? 미안해."

　"그건 아닌데 외로웠어. 비는 추적추적 내리고, 내가 왜 이곳까지 와서
진창길을 걷고 있나 하는 생각에 몹시 우울했어."

　나는 메리와 함께 걷고 싶었지만 울고 있는 릴

리를 혼자 남겨두고 먼저 떠날 수가 없었다. 메리
에게 릴리를 소개하고 기다렸다가 릴리와 함께

가겠다고 했더니 메리가 말했다.

"우리 씩씩한 세 여자가 함께 걷는 게 어때?"

메리와 릴리와 나는 그날의 남은 길을 함께 했다. 때로는 릴리와 메리, 릴리와 나, 메리와 내가 짝이 되어 걸었다. 혼자여도 좋고, 둘이어도, 셋이어도 좋은 길. 서로의 뒷모습만 보고 걸어도 든든한 길. 그 길은 함께이면서 혼자 걷는 길, 혼자이면서 함께 걷는 길이었다.

내 계획에 택시는 없어

유럽 인류의 발상지인 부르고스 주에 들어서면서 비가 그치고 푸른 하늘이 보이기 시작했다. 기분이 한결 나아졌다. 서로 비슷한 의식을 가지고 있어서일까. 메리는 나와 함께 이야기하며 걷는 것이 즐겁다고 했다.

"난 이곳에 오기 위해 트레이너와 함께 훈련했어. 처음엔 백 킬로미터만 걸으려고 했지. 그런데 스페인 트레이너가 기왕 가려면 산티아고까지 걸으라고 하더군. 그래서 큰맘 먹고 생장부터 시작한 거야."

그녀는 순례자 전용 숙소인 알베르게에 머물지 않고 큰 도시나 마을의 호텔에 머물고 있었다.

"어젯밤 산토도밍고 데 라 깔사다에서는 수녀들이 사는 조용한 수도원에 머물렀는데, 정말 특별한 경험이었어."

"나는 날마다 알베르게에서 머물고, 한국음식을 두 번이나 해먹었는걸. 비용도 절약될 뿐 아니라 다양한 사람들과도 만날 수 있어 좋아."

메리가 고개를 끄덕였다. 오늘의 목적지인 비야마요르 델 리오가 가까워

지고 있었다. 메리가 말했다.

"난 벨로라도의 호텔에 예약을 해두었기 때문에 더 가야 해. 너희도 함께 그곳까지 가면 좋겠지만 이곳에서 멈춘다면, 나 혼자 걷고 싶진 않으니 택시를 타겠어."

릴리는 이곳에 머무를지, 벨로라도까지 가야 할지 잠시 고민하더니 조심스럽게 말을 꺼냈다.

"효, 내가 특별한 제안을 해도 될까? 우리 셋이서 함께 택시로 벨로라도까지 이동하는 거야. 네 택시비는 내가 낼게."

나는 잠시 마음이 흔들렸다. 뜻 맞는 사람들과 함께 하는 것도 나쁘진 않을 것 같았다. 그러나 힘들어도 두 발로 이 길을 걷겠다고 작정한 나였다.

"나도 그러고 싶지만 미안해. 내 몸에 문제가 생기지 않는 한 산티아고까지 걸어서 갈 계획이거든."

릴리는 나의 거절에 몹시 실망스러운 표정을 지었다. 메리도 계속 나와 함께 하고 싶은 눈치였으나 내 의견을 존중해주었다. 결국 릴리는 메리와 함께 하기로 결정하고 택시를 불렀다. 우리 셋은 내가 하룻밤을 머물게 될

알베르게 앞에서 기념사진을 찍었다. 택시가 도착하자 그들은 서둘러 떠나며 각자의 전화번호를 남겼다. 여행자는 매순간이 만남이고 이별이지만 섣부른 약속은 하지 않는다. 매순간을 마지막처럼 사는 일. 그것이 여행자의 필수요건이다. 떠나면서도 못내 아쉬워하는 릴리의 표정이 마음에 남아 있었다.

새벽에 꾼 꿈이 떠올랐다. 작은 강이었다. 그곳에서 사람들이 낚시를 하고 있었다. 내가 낚싯대를 드리우자마자 물고기가 잡혔다. 크지도 작지도 않은. 그렇게 두 마리의 물고기를 낚았다. 물고기를 다시 강으로 돌려보내야겠다고 생각하면서 나도 모르게 끓는 물속에 넣고 말았다.

릴리와 메리의 제안을 거절하고 보니, 어쩌면 그것은 내게 온 인연을 감사히 받아들이고, 그때그때 내려놓으라는 메시지였는지도 모른다는 생각이 들었다. 길 위에서 유독 많은 꿈을 꾸었다. 이 꿈들은 길 위에서 떠오르는 생각의 연장인 것 같아서 쉽게 털어지지 않았다. 분노, 원망, 욕망, 의심, 근심…. 꿈에서 깰 때마다 내가 아직 내려놓지 못한 것들이 많다는 것을 깨달게 되었다. 밤마다 꾸는 꿈들은 내 마음상태를 점검하는 시간이었다.

낯선 남자와 단둘이 한 방에서?

다시 혼자가 되었다. 비야마요르 델 리오는 개 짖는 소리밖에 들리지 않는 한적한 마을이었다. 알베르게 식당에 혼자 앉아 있는 젊은 남자 순례자에게 이곳이 어떠냐고 입술만 움직여 물으니 그는 엄지손가락을 치켜 올리며 한쪽 눈을 찡긋했다. 주인의 딸 리디아는 이 근처엔 식당이나 바가 없고, 식료품점은 수요일에만 열린다고 말했다. 내가 오지 중 오지에 와 있는 셈이었다. 당연히 이곳에서 제공되는 식사를 해야 했다. 방에는 8개의 침대가 있었지만, 이층침대는 거의 쓸 일이 없는지 배낭과 물건들을 올려놓을 수 있도록 했다. 투숙객은 아까 본 남자와 나 둘뿐이었다. 이러다 우리 둘만 한 방에서 자게 되는 건 아닐까 싶었다.

샤워 후 빨래까지 마치고 식당으로 가니 아직도 그는 노트북을 켠 채 무언가에 열중해 있었다. 잠시 그와 대화를 나누었는데, 독일에서 서적 도매를 하고 있다고 했다. 출판업자와 서적 도매상의 만남이라니 더욱 반가웠다. 그는 처음 며칠은 혼자 걸었고, 다국적군을 만나 며칠 동안 함께 지내다가 오늘 다시 혼자가 되었다며, 혼자인 게 좋다고 했다. 그건 나도 마찬가지라네, 친구.

카미노 열흘째. 많은 사람들을 만나고 헤어지며 내가 생각보다 강한 사람이라는 것을 알게 되었다. 내가 만난 서양 여자들은 혼자 걷고 싶어 하지 않았다. 대부분 친구를 사귀어 함께 어울리고 싶어 했다. 린리도, 메리도 그랬다. 나는 혼자일 때가 더 좋았다. 동행이 있으면 길을 잃을 염려가 적고, 힘들 때 서로 격려하고 기댈 수 있지만, 내면으로 들어가는 데 방해가 되었다. 그런 점에서 연이 고마웠다. 그녀는 내가 혼자 있고 싶어 하는 것을 깊이 이해해주는 사람이었다. 아침이면 혼자 가라고 내 등을 떠밀어 보내지만, 저녁이면 다시 만날 것을 알기에 헤어지는 연인들처럼 쿨했다. 그래서 우리의 이별은 망설임이 없고 단호했다. 쓸데없이 시간과 감정의 낭비를 할 필요가 없었다. 설사 길 위에서 다시 만나지 못한다 해도 각자의 길을 걷고 있을 것이므로 서로의 존재를 의심하지 않았다. 독일 청년과 대화하는 동안 스위스 노부인 순례자와 함께 연이 도착했다. 이럴 줄 알았다는 듯 나는 그녀를 향해 싱긋 웃었다.

삼대가 함께하는 삶

두 명의 여성 순례자가 더 들어왔다. 미국에서 온 22살 애슐리와 75세 외할머니, 스위스 노부인, 연, 그리고 나. 이렇게 다섯 명이 저녁식사를 함께 했다. 독일 청년은 일찍 잠들었는지 보이지 않았다. 애슐리는 대학을 갓 졸업한 간호사라고 했다.

"할머니를 돌보느라 힘들지?"

"웬걸요. 오히려 할머니가 저를 돌봐주시는 걸요."

그녀의 외할머니가 말했다.

"이제껏 건강검진을 위해서가 아니고는 병원에 가본 적이 없다우. 놀랄 만큼 건강한 몸과 정신을 갖고 있지. 난 평생 손에서 일을 놓아본 적이 없

어. 그게 건강 비결일 거야."

꿈을 가지고 도전하는 사람은 늙지 않는다. 길 위에서 만난 대부분의 시니어들이 그랬다. 그들은 나이가 들어서도 자신에게 맞는 일을 찾아 하고 있었다. 내가 언젠가 더 나이가 들었을 때 딸과 함께, 또는 손자 손녀와 함께 이 길을 걸을 수 있다면 얼마나 좋을까. 길에서 만난 사람들은 나에게 새로운 꿈을 꾸게 했다.

순례자들의 식사가 끝나자 알베르게 주인 가족의 식사가 시작되었다. 주인 부부와 딸 리디아, 초등학생으로 보이는 아들, 그리고 친정어머니로 보이는 노부인이 모였다. 노부인은 식탁에 앉자마자 책을 집어 들고 손자에게 책을 읽어주었다. 손자는 할머니 쪽으로 몸을 기울어 귀를 세우고 할머니가 들려주는 이야기를 들었다. 텔레비전이 켜져 있으나 아무도 거기에 주의를 기울이지 않았다. 마치 이 저녁을 위해 하루를 기다린 사람들처럼 그들의 저녁식사는 길고 단란했다. 그들은 먹기 위해 모인 것이 아니라 대화하기 위해 모인 사람들 같았다. 접시를 달그락거리는 소리와 아이들의 웃음소리가 들렸고, 식탁 위에서는 포도주 병이 비어가고 있었다. 스페인 사람들의 가족애는 우리 이상으로 끈끈한 것 같았다. 연의 말에 의하면 이곳 사람들은 아들보다는 주로 딸이 부모를 모신다고 했다. 그들이 어떤 대화를 하고 있는지 알아들을 순 없었지만, 식탁의 정겨운 분위기로 보아 이런 내용이 아니었을까.

"옆집에 양이 새끼를 몇 마리 낳았대. 수요일에 식료품가게가 열리면 치즈와 올리브를 더 사야겠어. 내년엔 마당에 체리나무 몇 그루를 더 심자. 내일은 아이의 학교에 봉사활동 가는 날이야…."

어머니의 문자메시지

새벽 한 시 반. 딩동 하는 소리에 휴대폰을 열어보니 어머니로부터 온 문자메시지였다.

'어제는 어떻게 지냈어?'

손녀딸과 함께 걷고 있는 75세 할머니를 만났다고 답했더니 바로 답장이 왔다.

'정말 대단하구나. 너도 용기를 내. 파이팅.'

어머니의 문자가 길어지고 있었다. 첫날 택시로 피레네를 넘을 때였다. '건강해라' 어머니로부터 온 메시지였다. 그 후로도 같은 문자가 네 개나 와 있었다. 이역만리에 있는 딸이 궁금하고 걱정이 되어서, 문자가 안 갔을까봐 보내고 또 보내고 했을 어머니의 마음이 느껴졌다. 한국을 떠나기 전 동생이 팔순의 어머니에게 문자메시지 보내는 법을 가르쳐드렸더니, 날마다 먼 길 걷고 있는 딸에게 응원문자를 보내셨다.

> 얼마나 힘드냐? 머라도 먹었어? 오늘은 얼마나 걸었어? 부디 건강해. 더욱 용기를 내. 좋은 친구 많이 만나. 용감하고 훌륭하다 우리 딸. 엽서 잘 받았네. 그 먼 곳에서 엄마 아빠를 생각하다니 효녀다. 엄마 젖 먹던 힘까지 내서 걸어. 부디 성공해. 우리 딸 올 날이 가까워지네. 너무 무리하지 말고 쉬엄쉬엄 걸어. 사랑해. 내 딸 장하다. 엄마 뱃속에서 이런 딸이 나왔다니. 끝까지 잘하길 엄마가 두 손 모아 빈다. 며칠 안 남았는데 정말 보고 싶다….

걸어서 산티아고까지 가겠다고 처음 말을 꺼냈을 때, 산티아고가 어디에 붙어 있는 곳인지도 모르는 부모님께서는 잘 다녀오라고 흔쾌히 말씀하셨다. 그곳에 가는데 비행기와 기차로 꼬박 이틀이 걸린다는 얘기를 나중에야 듣고는 놀라며 걱정하셨다. 암 수술과 이혼이라는 힘든 일을 겪고, 출판사 일로 사무실까지 접고 집으로 들어온 딸이 먼 길을 떠나겠다니 걱정하시는 것도 당연한 일이었다.

떠나오기 몇 주 전 나는 서울 집에서 부모님 댁이 있는 용인까지 40킬로미터를 걸었다. 오전 6시에 집을 출발하여 한강을 따라, 탄천을 따라 걷고 또 걸어 늦은 오후가 되어서야 부모님 댁에 도착했다. 부모님께 딸이 이만큼 튼튼하고 씩씩한 사람이니 걱정은 내려놓으라며 안심시켜드리고 싶었다. 그 후로 부모님은 딸의 여행을 지지해주고 용기를 북돋아주셨다. 늘 그랬다. 나에게 부모님은 언제나 든든한 후원자였고, 그늘 같은 존재였다.

오늘은 나에게 건강한 몸을 주신 부모님께 감사하는 기도를 드렸다. 그리고 육체적, 정신적으로 강건한 나 자신에게도 감사했다. 시루에나를 떠나기 전 연이 해준 말이 있었다.

"기도는 바구니에 물 붓기와 같대."

어느 신부님이 해준 말이라 했다. 남을 위한 기도든 나를 위한 기도든, 바구니에 물을 부어줌으로써 마음속 티끌이 걸러지고 맑아지는 것을 경험하는 일. 그것이 기도라 했다. 그래서일까. 하루 20~30킬로미터씩 걷는 일이 힘들게 느껴지지 않았다. 오히려 어지러운 마음이 걸러지고 정화되는 느낌을 갖게 되는 건, 오늘도 새벽 세 시에 일어나 딸의 안전과 건강을 위해 기도하셨을 어머니 덕분일 것이다. 어쩌면 나는 '사람은 무엇으로 사는가?'라는 톨스토이의 질문에 한 가지 답을 이미 얻었는지도 모른다.

11일차 비야마요르 델 리오~비야프랑카 몬테스 데 오카

Villamayor del Rio ~ Villafranca Montes de Oca 17km

작고, 낮고, 하찮은 것들

먹고, 걷고, 자는 일이 전부인 순례자의 하루는 단순했다. 일상이 단조롭다보니 작은 것 하나에서도 기쁨을 발견하곤 했다. 길에서 만나는 붉은 개양귀비와 개망초꽃, 올리브나무, 줄 지어 선 키 작은 포도나무, 제라늄을 키우는 발코니가 그렇고, 축축한 아침을 건너는 달팽이와 지렁이, 산등성이를 보랏빛 향기로 물들이는 라벤더, 포플러나무를 흔드는 바람, 노란 유채꽃밭과 초록으로 일렁이는 밀밭이 그랬다. 한 잔의 카페콘레체와 갓 짜낸 오렌지주스가 주는 여유와 어느 집 처마에서 떨어지는 빗방울의 서늘함이 즐거웠다. 올라! 하고 인사하면 말없이 짙은 눈썹만 치켜 올리는 스페인 아저씨의 무뚝뚝함이 정겹고, 배낭의 무게가 나를 주저앉힐 때면 발치에서 나를 올려다보고 있는 작은 들꽃들이 이렇게 말하는 것 같았다. 힘내. 힘내. 나도 이렇게 피어 있잖아.

매일 다른 숙소에 머물며 매번 다른 침대를 만나고, 따뜻한 음식을 해먹거나 차를 마실 수 있는 주방을 만나고, 공동샤워실에서 샤워하고, 볕 좋은 뜰에 빨래를 널고, 햇살과 바람에 빨래가 뽀송뽀송 말라가는 모습을 지켜보는 일이 일상이 되었다.

카미노는 한 생을 걷는 일

시루에나쯤이었을 것이다. 길목에 1킬로미터마다 팻말이 서 있었다. 어느 순간 산티아고까지 571킬로미터가 남았다는 팻말을 보고 깜짝 놀랐다. 내가 200킬로미터 이상을 걸어왔다니! 한번도 헤아려 본 적 없었는데 어느새 4분의 1 이상을 걸어온 것이었다. 한 걸음 한 걸음 걸었을 뿐인데 사춘기를 지나고 청년기를 지나 어느덧 중년에 다다른 것처럼, 머지 않아 400킬로미터를 걷고 600킬로미터를 지나 산티아고에 도착할 것이다.

며칠 전 메리에게 "카미노는 한 생을 걷는 일 같아." 했더니 맞는 말이라며 고개를 끄덕였다. 길 위에서 비 내리는 날도 만나고, 햇빛 쨍쨍한 날도 만나고, 바람 부는 날도 만났다. 몸과 마음이 날아갈 듯 가벼운 날도 있었고, 젖은 걸레처럼 축 처지는 날도 있었다. 그것은 내 삶의 모습이기도 해서, 나는 길 위에서 또 한 생을 살고 있는 것 같았다.

한 마을에서 다른 마을을 향해 갈 때 멀리서 그 마을이 눈에 들어오면 아,

이제 다 왔구나 하는 생각이 들었다. 하지만 그곳까지 가는 데에는 생각했던 것보다 훨씬 더 오랜 시간이 걸린다는 것을 곧 알게 되었다. 보이는 것과 실제는 다르기 때문이었다. 젊어서는 더디 가는 시간이 지겹고, 나이 들면서는 쏜 화살처럼 날아가는 시간이 아쉽다. 하지만 누구와 함께 하느냐에 따라 지루한 길이 될 수도 있고, 아름다운 길이 될 수도 있다. 이 길의 끝까지 걸어간 사람들이 하나같이 하는 말이 있다고 한다.

"너무 빨리 걸었어. 쉬엄쉬엄 걸을 걸."

오늘만큼은 서두르지 않고 천천히 여유롭게 걸으려 했다. 여기저기 주변을 둘러보고, 마음 맞는 친구와 동행하기도 하면서 지금, 이 순간을 즐기고자 했다.

달콤한 낮잠, 그 후

오후 2시가 되면 마을은 쥐죽은 듯 조용해졌다. 한낮의 햇살은 따갑고, 사람의 그림자는 보이지 않았다. 가게 문은 닫혀 있고, 가정집 문도 굳게 닫혔다. 시에스타 시간이었다. 정말 낮잠을 자는지 집안일을 하는지는 모르지만 거리가 너무도 조용해서 마치 폐허가 된 마을처럼 보였다. 이따금씩 개와 고양이들만 빈 거리를 서성거리거나 길 한가운데에서 낮잠을 자고 있었다. 한낮에 도착한 순례자들이 할 일은 거의 없었다. 샤워하고, 빨래하고, 달콤한 낮잠에 빠지는 일밖에는.

시에스타가 끝나면 닫혔던 상점들은 문이 열리고, 사람들은 집밖으로, 사무실 밖으로 나왔다. 바에서는 멈췄던 음악이 흘러나오고, 한 잔의 차나 맥

주를 마시기 위해 사람들이 모여들었다. 그곳엔 담배연기와 웃음소리, 왁자지껄한 생기로 가득했다. 아빠들은 유모차에 아기를 태우고 산책을 하며 우유를 먹었다. 초등학교 운동장은 오후 늦도록 줄넘기를 하는 여자아이들과 축구를 하는 남자아이들의 고함소리로 가득했다. 이들을 데리러 온 부모들은 양지바른 담벼락에 기대서서 잡담을 나누었다. 노인들은 광장의 벤치에 앉아 지나가는 사람들을 구경하거나 따스한 햇살에 꾸벅꾸벅 졸기도 했다. 여기에 댕그랑 댕그랑 종이 울리면 마을의 모든 소음이 종소리에 묻혔다. 마을의 풍경을 완성하는 건 첨탑과 종이 달린 성당이었다.

밥그릇을 버리다

 서츠 두 장과 바지 두 벌, 속옷, 세면도구, 침낭, 휴대폰, 카메라, 최소한의 비상약품…. 한국을 떠나기 전 날마다 짐을 꾸렸다. 꼭 필요하다고 생각해서 넣었다가도 배낭을 메고 걸어보면 무거워, 이것이 나에게 정말 필요한 것인지 스스로에게 묻다가 다시 빼기를 여러 차례. 노련한 여행자는 배낭에 많은 것을 넣지 않는다는데 나는 불안하기만 했다. 어쩌면 여행자가 배낭을 꾸리는 일은 불안에서 시작된 행위인지도 모른다는 생각이 들었다. 하지만 결국 내가 지고 가야 할 짐이고, 짐이 무거울수록 내 걸음도 느려질 거라는 것을 알기에 줄이고 또 줄였다. 그럼에도 불구하고 챙겨온 코펠이었다. 그런데 행여 굶을까봐 가져온 코펠은 2주째 한 번도 쓰지 않았고, 배낭을 꾸릴 때마다 짐이 되고 있었다. 여행 11일째 되는 날 나는 마침내 코펠을 알베르게 주방에 내려놓았다. 누군가 필요한 사람이 쓸 수 있도록.

연은 내가 코펠을 버린 것에 대해 마음에 걸려했다. 먹고사는 일이 나에게 얼마나 절박한 문제인 줄 알기 때문이었다. 하지만 밥그릇을 버리고 걸으니 그렇게 가벼울 수가 없었다. 불안과 걱정도 함께 내려놓은 것 같았다. 바람 부는 언덕에서 순례자들에게 차와 빵을 대접하던 헤수스도 내일을 걱정하지 않았다. 되돌아보니 형편이 괜찮을 때에나 그렇지 않을 때에나 걱정하지 않은 적이 없었다. 생계의 위협을 심각하게 느껴서가 아니라 걱정을 습관처럼 달고 산 것이었다. 그것이 얼마나 자신을 갉아먹는 일인 줄도 모르고…. 배낭이 넉넉해지자 마음도 여유롭고 넉넉해졌다. 이 길 위에서는 다 잊고 걷는 일만 생각하기로 했다. 한 차례 우박이 쏟아진 후 바람이 잠잠해졌고, 햇살도 따스해졌다.

12일차 비야프랑카 몬테스 데 오카~아타푸에르카
Villafranca Montes de Oca ~ Atapuerca 19km

춥고 으스스한 산길을 걷다가

출발하자마자 바로 오르막이었다. 나뭇잎 하나 없는 떡갈나무 숲이 이어
졌다. 천 미터 고지로 올라가는 길이라선지 바람이 불고 몹시 추웠다. 숨이
가빴다. 스틱을 쥔 손이 얼어붙었다. 이러다 동상에 걸리는 건 아닐까 걱정
될 정도로. 걸음을 멈추고 뒤돌아보았다. 발자국을 남기며 걸어온 길이 보
였다. 앞이 보이지 않는 날에는 뒤를 돌아보곤 했다. 걸어온 길을 되돌아보
면 남은 길을 걸어낼 수 있을 것 같았다. 문득 내게로 꽂히는 시선들이 느
껴졌다. 줄지어 선 떡갈나무들이었다. 천 년을 그곳에 서서 굴곡지고 비틀
린 생을 말없이 견뎌야 했던 나무들이 물끄러미 나를 내려다보고 있었다.

떡갈나무 숲이 끝나고 소나무 숲이 이어졌다. 뒤따라오는 연의 걸음이 처
지고, 나도 조금씩 지쳐갔으나 쉴 곳이 없었다. 멈춰 선다면 그 자리에 꽁
꽁 얼어붙을 것만 같았다. 모자 쓰고, 점퍼 모자까지 쓰고, 버프로 얼굴을

감싼 채 걷고 또 걸었다. 추운 날에는 쉬지 않고 걷는 것이 최선이었다.

한참을 가다 보니 순례자기념비가 나왔다. 1936년 이곳에서 살해된 순례자들을 추모하기 위한 거라고 했다. 비석 앞에 한 무더기의 꽃다발이 놓여 있었다. 옛날 이곳에 산적들이 나타나 순례자들의 목숨을 해치곤 했다고 한다. 숲이 무성해 습격을 받으면 제아무리 강한 사람도 어쩔 수 없었을 거라는 생각이 들었다. 만일 나 혼자 걷다가 일을 당한다면? 부모님과 두 딸의 얼굴이 스쳐 지나갔다. 이곳으로 떠나오기 전 두 딸 앞으로 남겨두고 온 유서가 떠올랐다.

유서에는 내가 떠난 뒤 처리해야 할 집 문제와 출판사 일, 그리고 몇 안 되는 보험과 통장에 대해 써두었다. 만약의 경우에 대비해 장기기증에 대한 나의 바람도 적었다. 딸들에게 당부하고 싶은 말을 쓰는 대목에서 마지막이라고 생각하니 세 마디밖에 떠오르는 게 없었다.

'미안하다. 고맙다. 사랑한다.'

'딸들아, 엄마를 다시 보지 못할 경우에 이 봉투를 열어 보렴.'

이 말을 편지봉투에 쓰고 밀봉해 서류 봉투 속에 넣어두었다. 유서는 떠나는 사람 때문에 허둥대지 않도록 남아있는 사람들을 위한 배려라고 생각

했다. 살 만큼 살았다고 생각해서일까. 의외로 담담했다. 부모님보다 먼저 떠나게 된다면 불효가 되겠지만, 죽음에는 순서가 없으니 그분들이 너무 슬퍼하시지 않기를 바랄 뿐이었다. 딸들도 사흘 후면 눈물을 훔치고 다시 씩씩하게 살아갈 것이다. 내 존재가 가족과 친구들로부터 차츰 잊히겠지, 라는 생각에 이르자 가슴이 서늘해졌다.

샤워실 저편의 남자

숙소에 도착해서 어제 만난 한교 씨 부부와 영미, 연, 나는 6인실 방을 배정받았다. 침대에 짐을 내려놓자마자 나는 공동샤워실로 달려갔다. 남녀 구분이 없는 샤워실은 각각의 부스마다 문도 없이 커튼으로만 가려져 있었다. 벗어놓은 남자 옷이 커튼 밖으로 나와 있었다. 샤워실에는 그와 나, 둘밖에 없었다. 벽을 사이에 두고 비누칠을 하고 머리 감는 소리가 들렸다. 물소리 뿐만 아니라 숨소리까지도 다 들렸다. 단둘만 있는 샤워실에서 남자의 숨소리와 씻는 소리는 나를 긴장시켰다. 옷 벗는 소리가 상대에게 들릴까봐 나는 숨도 제대로 쉴 수 없었다. 그도 나도 실오라기 하나 걸치지 않은 맨몸일 터였다. 두려움과 호기심이 동시에 일었다. 커튼만 젖히면 상대의 몸을 볼 수 있는 거리에 그와 내가 있었다. 같은 여자끼리라면 등을 밀어달라고 하거나, 샴푸를 빌려달라고 할 수도 있는 상황이었다. 나는 잔뜩 긴장된 상태에서도 벽 너머에 있는 남자가 궁금했다. 단단한 근육의 감촉이 느껴지고, 쿵쿵거리는 심장소리가 들리는 것 같았다. 그런데 그것은 내 안에서 들려오는 소리였다. 나는 얼굴이 붉게 달아올랐다. 그 사이 샤워를 마친 그가 커튼을 젖히고 옷을 입고 젖은 슬리퍼를 끌며 샤워실 밖으로 나가는 소리가 들렸다. 샤워기에서 똑똑 물 떨어지는 소리…. 나의 몽상도 그제야 끝이 났다.

이탈리아에서 온 로베르토

너무 춥게 걸어온 탓인지 따뜻한 물로 샤워를 했는데도 몸이 오슬오슬 떨렸다. 슬리핑백과 담요까지 뒤집어쓰고 누웠으나 한기는 가시지 않았다. 쌀밥에 야채전과 얼큰한 감자찌개로 저녁을 해먹고 나서야 몸이 풀렸다.

한 외국 남자가 우리 방으로 들어왔다. 그는 다섯 명의 한국인을 보고 당황해 하는 것 같았다. 비좁은 방이 금세 그의 땀 냄새와 발 냄새로 가득 찼다. 머리가 지끈지끈 아파왔다. 곤혹스러운 건 우리였다. 그렇다 해서 그에게 나가달라고 할 수도 없는 일이었다. 같은 방에서 묵게 된 것도 인연인데 모르는 척할 수는 없어 서로 인사를 나누었다. 이탈리아에서 온 로베르토라고 했다.

"난 프랑스 아를에서 출발했어요. 산티아고와 피니스테라까지 갈 예정인데, 모두 1,800킬로미터를 걷게 되는 셈이지요."

나는 놀라서 물었다.

"도대체 그 먼 길을 왜 걷는 건데요?"

"나도 스스로에게 묻고 또 묻지만 아직까지 답을 찾지 못했어요. 그런데 하루는 다리가, 하루는 어깨가, 하는

식으로 몸의 각 부분이 다르게 아파 와서 이게 내 몸이구나 하는 것만은 확실하게 깨달았어요."

"결국 카미노는 몸에 대한 도전이군요."

"그런 것 같아요. 하하하."

웃는 모습이 선량해보였다. 카미노 열흘 만에 나는 웃는 모습으로 사람을 판단하는 새로운 버릇이 생겼다. 로베르토는 밤중에 코를 곯더라도 양해해달라고 미리 말했다. 잘 시간이 되자 그는 아무렇지도 않게 바지와 상의를 벗고 팬티 차림으로 이층침대로 올라갔다. 왜 서양 남자들은 이런 곳에서도 자기 집인 양 벌거벗고 다니는지, 밤에는 홀딱 벗고 자는지 이해할 수가 없었다. 하지만 그런 모습이 늘 흉한 것만은 아니었다.

낮에 한 청년이 누군가를 찾느라 우리 방문을 열었다. 그때 그는 상반신을 벗은 채였는데, 그의 희고 섬세한 몸은 마치 미켈란젤로의 다비드 상을 보는 듯했다. 이곳으로 오는 길에 유럽에서 가장 오래된 인류의 흔적이 아타푸에르카에 있다는 표지판을 보았는데, 백만 년 전 인류가 남긴 눈부신 유산을 두 눈으로 확인하는 순간이었다.

메리앤과 보스꼬

알베르게 앞뜰에서 휴대폰으로 가족에게 메시지를 보내고 주방으로 들어오니 연이 외국인 순례자들과 함께 있었다. 나도 그들 사이에 끼여 앉았다. 헝가리에서 온 메리앤은 뜰에서 갓 뜯어온 민트로 차를 끓였다. 내가 뜰에 앉아 있을 때 어디선가 허브 향이 났었는데, 그게 민트 향이었던가 보았다.

우리는 테이블에 둘러앉아 차를 마시며 이야기를 나누었다. 며칠 전 길 위의 곤충이 지나가기를 기다려주었던 보스꼬와 또 다른 여자 순례자도 함께였다. 내 또래쯤 되어 보이는 메리앤은 사회복지사답게 카미노가 사람들에게 어떤 변화를 가져오는지 궁금해 했다. 보스꼬는 메리앤에게 반했는지 그녀 옆에 꼭 붙어 앉아 눈을 맞추었다.

"내가 64살이 되어도 당신은 나를 필요로 할까요? 나를 돌봐줄까요?"

며칠 전 내가 나이를 물었을 때 비틀즈의 노래를 흥얼거리는 것으로 대답을 대신하던 보스꼬는 열정적이고 귀여운 데가 있는 남자였다. 나이에 상관없이 사람이 사람을 좋아하는 것은 자연스럽고 아름다운 감정이다. 상대가 어떻게 생각할까를 걱정하지 않고 자신의 감정을 솔직하게 표현할 줄 아는 그가 멋져 보였다. 그 후 보스꼬와 메리앤이 동행이 되어 함께 걷는 것을 보았다는 사람이 있었다.

13일차 아타푸에르카~부르고스

Atapuerca ~ Burgos 20km

반팔셔츠, 긴팔셔츠, 바람막이재킷, 고어텍스재킷에 비도 오지 않는데 우비까지 겹쳐 입었다. 준비를 단단히 한 탓인지 생각보다 춥지 않았고 비도 내리지 않았다. 대부분 그랬다. 준비 없이 길을 나선 날이면 비가 내렸고, 우산에 우비까지 챙기고 완벽하게 준비를 한 날은 비가 오지 않았다.

소와 양들이 무더기무더기 싸놓은 똥을 밟으며 걸었다. 돌 언덕이 나왔다. 행여 다칠세라 조심조심 발을 디뎠다. 돌산 양옆으로 굵은 소금을 뿌려놓은 듯 작고 하얀 꽃들이 납작 엎드린 채 피어 있었다. 오르막 끝에서 느닷없이 양떼 목장이 나타났다. 수백 마리의 양들이 아직 아침잠에서 깨어나지 않은 듯 엎드린 채 입을 오물거리거나 꼼짝 않고 앉아 있었다. 부지런한 몇몇 양들은 일어서서 주위를 두리번거렸다. 조용히 다가가 카메라를 들이대니 어떤 놈은 귀찮다는 듯 돌아서서 가버리고, 어떤 놈은 늘 있는 일이라는 듯 무심한 얼굴로 바라보았다.

주역에 '무평불피 무왕불복(无平不陂 无往不復)'이라는 말이 있다. '언덕

없이 마냥 평평한 땅은 없고, 가서 돌아오지 않는 것은 없다.' 내가 걷고 있는 길이 늘 평평하기만 하다면, 늘 맑은 날만 계속된다면 얼마나 단조롭고 지루할까. 거친 언덕과 비바람 속을 지나며 나는 더 단단해지고 깊어질 것이다. 느리게 걷다 보니 몸을 낮춘 작은 꽃들도 만날 수 있었다. 어쩌면 행복은 시선을 낮춘 그곳에 있는지도 모른다.

때론 타협이 필요해

부르고스 시내로 들어가는 8킬로미터 길에서 처음이자 마지막으로 버스를 탔다. 그곳은 자동차와 공장에서 나오는 매연과 소음이 심한 산업도로이니 버스로 건너뛰자고 연이 제안했기 때문이다. 만일 혼자였다면 걸었을 길이다. 며칠 전 택시를 타고 다음 마을로 이동하자는 릴리의 제안을 거절했던 내가 오늘은 원칙을 깨고 말았다. 연은 나에게 종종 이런 말을 했다.

"넌 자신을 너무 몰아붙이는 것 같아. 고지식하게 살면 힘들어. 쉬엄쉬엄 가렴."

생각해보니 그랬다. 길이 아니면 돌아설 줄도 알아야 하는데, 미련하게 끝까지 갔다가 그제야 돌아서곤 했다. 휠 줄 모르는 성격 때문이었다. 걸어서 두 시간 걸릴 거리를 버스는 단 10분 만에 우리를 부르고스 시내의 중심부까지 데려다주었다. 이렇게 편할 수가! 삶은 때로 뒤집기와 타협을 권유한다.

산타마리아대성당

부르고스의 공립알베르게 앞에서 선주와 다시 만났다. 그녀는 다리에 문제가 생겨 이전 마을에서 며칠 동안 쉬다가 우리를 만나기 위해 버스를 타고 이곳으로 온 것이다. 아직 다리가 회복되지 않아 며칠 더 쉬어야 할 것 같다고 했다. 일찍 도착한 우리는 삶은 계란과 간식을 먹으며 알베르게의 문이 열리기를 기다렸다.

문이 열리자마자 짐을 내려놓고 곧바로 산타마리아대성당으로 갔다. 세비야, 톨레도에 이어 스페인에서 세 번째로 규모가 큰 부르고스 산타마리아대성당은 4백 년에 걸쳐 지어졌으며, 유네스코문화유산으로도 등재된 곳이었다. 밖에서 본 대성당은 그 웅장함에 입을 다물지 못할 정도였다. 이 성당의 건축 양식은 대부분 화려하고 정교한 프랑스의 고딕 양식을 적용한 것으로, 부르고스라는 도시가 피레네를 거쳐 산티아고 데 콤포스텔라로 가는 길목이어서 그 영향이 컸다고 한다. 실내에는 여러 개의 방마다 신약과 구약의 이야기 속 인물들을 형상화한 조각과 그림들이 있었고, 채광이 잘되는 창에는 아름다운 스테인드글라스가 새겨져 있었다. 천장에는 별 모양으로 장식된 둥근 지붕이 인상적이었는데, 그 높은 곳까지 어떻게 세밀한 조각을 새겨놓았는지 경이로움을 금할 수가 없었다. 대성당 안에

는 부르고스가 낳은 스페인의 영웅 엘 시드와 그의 아내 히메나의 관이 안치되어 있었다.

산타마리아대성당 밖으로 나오니 광장에 벌거벗은 순례자 동상이 있었다. 한 손엔 무거운 지팡이를 쥐고 벤치에 앉아 고개를 숙인 채였다. 가까이 다가가보니 상처투성이 맨발에 무릎은 여기저기 깨져 있었다. 먼 길을 걸어오느라 지칠 대로 지쳐 있는 순례자의 모습이었다. 쉬고 있는 듯, 잠들어 있는 듯 고개를 숙인 목에는 순례자의 상징인 가리비 목걸이가 걸려 있었다. 그것은 영원히 풀려나지 못할 사슬처럼 보였다. 우리는 각각 자기 몫의 짐을 짊어지고 삶이 끝날 때까지 걸어야 하는 순례자들이다. 어쩌면 우리가 묶여 있다고 생각하는 것은 육체의 사슬이 아니라 정신의 사슬인지도 모른다. 서로의 무게를 가늠하며 나는 그의 옆에 잠시 앉아 있었다.

산타마리아 아치에서 메리를 다시 만났다. 뜻밖의 재회에 우리는 서로 얼싸안고 기뻐했다.

"너와 헤어진 후 사흘 동안 릴리와 동행하다가 릴리가 먼저 떠났어. 하루는 30킬로미터를 걷고 하루는 22킬로미터를 걸었는데, 오닐로스까지 갔다가 숙소가 없어 택시로 다시 이곳으로 되돌아오게 된 거야. 내일은 택시로 오닐로스까지 가서 거기서부터 걷기 시작할 거야. 웃기지? 하하하. 나도 이 이상한 카미노 방식이 마음에 들진 않지만, 그 덕분에 너를 만났으니 그걸로 됐어."

그녀는 몇 번이나 나를 껴안고 반가워했다. 내가 말했다.

"이담엔 꼭 알베르게에서 지내봐. 특별한 경험이 될 거야."

메리는 나에게 이메일 주소를 적어주고 떠났다. 인연이 깊은 사람들은 어디서든 다시 만나게 되어 있다며.

14일차 부르고스~온타나스
Burgos ~ Hontanas 31km

메세타고원에서 아버지를 생각하다

800미터 고원의 메세타지역이 시작되었다. 다리가 아직 회복되지 않은 선주는 택시로 이동할 예정이어서 배낭을 그녀의 택시에 실어 보냈다. 몸도 가벼웠다. 푸른 밀밭이 끝 간 데 없이 펼쳐진 곳. 어떤 이들은 이곳이 지루하다고 하여 버스로 건너뛴다고 했다. 하지만 오르막이나 내리막 없이 평지로 이어지는 길이 나에겐 오히려 편안했다. 도로상황에 주의를 기울이지 않아도 되니 생각에 집중할 수 있었다. 오닐로스에서 함께 아침식사를 한 후 연과 영미와도 헤어졌다. 이 길에서는 혼자 걷는 사람이 유난히 많았다. 올라, 하이, 굿모닝, 부엔 카미노! 모르는 사람끼리 인사를 건네며 걷는 길이 이어지고 있었다.

나무 한 그루 없는 밀밭 길을 걸으며 아버지를 떠올렸다. 태풍에도 끄떡하지 않는 느티나무 같은 아버지. 어릴 땐 아버지를 똑바로 올려다보지도

못했다. 어리광은 어림 반 푼 어치도 없는 생각이었다. 아버지 등으로, 목으로 기어오르는 친구들이 부러웠다. 나에게 아버지는 근엄하고 무서운 존재였다. 열둘이나 되는 식구들의 생계를 책임져야 하는 가장으로서의 무게 때문이었을 것이다. 아버지의 그늘이 있어 편안한 어린 시절을 보낼 수 있었다는 것을 어른이 되어서야 깨달았으나, 가장으로서 견뎌야 했던 외로움까지 헤아리지는 못했다.

　위풍당당했던 아버지가 어느 날부턴가 늙고 힘 빠진 노인이 되어갔다. 최근에는 기억들을 하나씩 지워가고 있었다. 어느 날 아버지의 행동이 마음에 들지 않았던 나는 아버지의 잘못을 하나하나 꼬집고 따졌다. 아버지는 아무 말도 못하고 딸의 야단을 듣고만 계셨다. 순간 당황스러웠다. 그래서는 안 되는 거였다. 아버지는 버르장머리 없는 딸을 혼내고 호통 치셨어야 했다. 늙어서도 여전히 딸에게 나무 그늘 같은 존재여야 했고, 경외의 대상이어야 했다. 입을 닫고 흐린 눈빛으로 늙어가는 아버지에게서 시들어가는

느티나무를 보았다. 머지않은 미래에 내 모습 또한 저러하리라 생각하니
쓸쓸했다.

나는 땡볕이 쏟아져 내리는 길 위에 멈춰 서서 휴대폰을 꺼냈다. 그리고
문자메시지를 입력해나갔다.

'밀밭이 끝없이 펼쳐진 고원을 걷고 있어요. 감사해요. 사랑해요. 건강하
세요, 아버지.'

아 유 오케이?

숲도 나무도 없는 밀밭 사이를 한 남자가 터덜터덜 걷고 있었다. 고개를
숙인 채였다. 한 손에는 십자가가 달린 로사리오를 들고 있었다. 내가 먼저
말을 붙였다.

"아 유 오케이?"

미국에서 온 에드워드라고 했다.

"난 혼자 왔어요. 46년을 함께한 아내가 지난해 암으로 세상을 떠났거든

요. 17살에 그녀를 처음 만났는데, 정말 사랑스러운 여자였어요. 그녀는 정원에 제라늄과 온갖 꽃나무들을 키웠지요. 퀼트로 식탁보랑 이불도 만들곤 했어요. 요술 손이었지요. 그녀는 나의 모든 것이었어요. 그런데 그녀가 떠나고 나니 모든 것이 시들해졌어요. 꽃도, 나무도, 식탁도…. 아내의 손길이 구석구석 남아 있는 집에 홀로 있는 기분 알아요? 그러다 우울증이 왔어요. 며느리가 산티아고 길을 걸어보라고 권해서 오게 되었는데, 난 슬프기만 해요. 어제도 슬프고, 오늘도 슬퍼요. 아내 없이 혼자 걷는 길은 아무 의미도 없어요."

"음…. 거꾸로 생각해봐요. 당신이 먼저 세상을 떠나고, 아내 혼자 이 길을 걷고 있다고. 아내가 당신처럼 슬퍼하며 걷고 있다면 그걸 바라보는 당신 마음이 어떨까요? 아내가 옆에서 함께 걷고 있다고 생각해봐요. 그토록 사랑하던 아내였으니 그녀도 틀림없이 당신 곁에서 함께 걷고 있을 거예요."

그의 표정이 조금 밝아진 것 같았다. 내가 함께 걸으니 그의 발걸음도 빨라졌다.

우리는 산볼 알베르게가 보이는 길 위에서 잠시 쉬었다. 그는 산볼에서 멈출 계획이었다. 그런데 그곳은 마을이 없고 넓은 밀밭에 집만 한 채 덩그렇게 있었다. 내가 가진 정보에 의하면 욕실도, 화장실도, 주방도 없고 침대만 몇 개 있는 그런 곳이었다.

"그래도 이곳에 머물 거예요?"

그는 고개를 가로저었다. 나는 배낭 속에서 사과 한 알을 꺼내 반으로 나누었다. 반쪽은 그에게 주고 나머지 반은 내가 먹었다. 다 먹고 남은 씨 부분을 밀밭으로 휙 던지자, 그가 엄지와 검지로 동그라미를 그려 보이며 웃었다.

"자, 다음 마을까지 가려면 서둘러야 해요."

나는 엉덩이를 툭툭 털고 일어나 다시 걷기 시작했다. 그도 따라 일어섰다. 나는 휴대폰을 열어 담아온 음악을 켰다. 머라이어 캐리의 「히어로」가 흘러나왔다.

당신의 마음을 들여다봐요. 그곳에 영웅이 있어요.
당신의 영혼 깊은 곳, 그곳에 답이 있어요.
당신이 가진 슬픔은 녹아 없어질 거예요.
당신을 이끌어 줄 힘을 가진 히어로가 다가올 거예요.
두려움을 저쪽으로 밀어내고 살 수 있다는 것을 느낄 거예요.
그러니 희망이 사라진다고 느낄 때 마음속을 들여다봐요.
그리곤 강해지세요. 결국 당신은 진실을 알게 될 거예요.
당신 안에 영웅이 있다는 것을.

아름다운 멜로디에 맞추어 초록 밀밭이 물결치고, 새들은 우리 사이로 날아다녔다. 멀게만 보이던 마을이 가까워지고 있었다.

15일차 온타나스~이테로 데 라 베가

Hontanas ~ Itero de la Vega 21km

나랑 같이 잔 남자야

카스트로해리스의 바에서 카페콘레체를 마시고 화장실을 다녀오다가 로베르토를 다시 만났다. 하룻밤 같이 잔 사이라 그런지 그는 연과 나를 보고 몹시 반가워했다. 순례자들은 종종 이렇게 말하곤 했다.

"저 남자 어제 나랑 같이 잔 사람이야."

같은 방에서 잤다는 뜻인데, 그 미묘한 뉘앙스에 말을 해놓고도 서로 마주보며 웃었다.

하루를 고단하게 걸어온 사람들의 숨소리, 코 고는 소리와 잠꼬대, 침낭 속에서 몸을 뒤집는 소리, 어둠 속에서 옷을 벗고 입는 소리, 삐걱거리는 사다리를 타고 이층침대를 내려오는 소리, 소리죽여 기도하는 소리…. 순례자들이 쉽게 친구가 될 수 있는 것은 이런 소리들이 섞인 공기를 함께 호흡해서인지도 모른다. 어쩌면 그것보다는 무거운 배낭을 메고 부르튼 발로 낮과 밤을 함께 걸어온 사람들에 대한 동지의식과 연민 때문인지도 모른다.

헝가리에서 온 청년 스티브

야외 테이블 위로 새들이 내려앉았다가 날아가곤 했다. 한 청년이 먹고 있던 빵부스러기를 뜯어 던져주자 다시 그의 테이블로 내려와 쪼아 먹었다. 사람을 무서워하지 않았다. 나는 빵부스러기를 던져주는 청년과 그것을 주워 먹는 새의 모습을 지켜보며 성경구절을 떠올렸다.

'공중의 새를 보라. 심지도 않고 거두지도 않고 창고에 모아들이지도 아

니하되 너희 천부께서 기르시나니 너희는 이것들보다 귀하지 아니하냐.'

그래. 이 길 위에서는 열심히 걷기만 하는 거다. 어떻게 사나 걱정하는 일 따위는 던져버리자.

카스트로해리스를 지나자 언덕길이 이어졌다. 언덕 위에서 내려다본 마을들은 장난감 같은 집들이 숲 속에 옹기종기 모여 있어 동화 속에서나 본 듯한 풍경이었다. 빼어나게 아름다운 풍경 앞에서 내가 시를 쓸 수 없는 이유이기도 했다. 풍경 자체가 한 편의 완벽한 시가 되고 있기 때문이었다.

내 앞에서 연이 한 남자 순례자와 이야기를 하며 걷고 있었다. 새에게 빵 부스러기를 던져주던 청년이었다. 헝가리에서 온 32살의 스티브는 자신을 농부이자 엔지니어라고 소개했다. 농사짓는 일이 좋아서 주업으로 농사를, 부업으로 엔지니어 일을 하고 있다고 했다. 며칠 전 심한 다리 부상으로 절뚝거리며 걷는 그를 만났다며 연은 스티브를 아들처럼 챙겼다. 아마도 동병상련이었을 것이다.

지금 여기,
산티아고

길 양 옆으로 밀밭과 보리밭이 끝없이 펼쳐져 있었다. 스티브는 밀과 보리 대를 꺾어, 그 차이를 설명해주었다. 키가 작고 수염이 적은 건 밀, 키가 크고 수염이 많은 건 보리라고 말하는 그의 눈빛이 선해보였다. 새들이 무서워하지 않고 그의 앞에 내려앉은 이유를 알 것 같았다. 밀밭과 보리밭 사이를 걷다 보니 어릴 적 부르던 '밀과 보리가 자란다'라는 노래가 떠올랐다.

해가 중천에 떠오르자 그림자가 짧아졌다. 내 영혼도 짧아지는 것 같았다. 성니콜라스성당을 지나고 '시작하는 사람들의 다리'라고 알려진 아름다운 다리를 건넜다. 다리 아래로 맑은 강이 흐르고, 버드나무 숲이 우거져 있었다. 한 순례자가 숲으로 들어가 볼일을 보는 동안 나도 은밀한 장소를 물색하고 있었다. 참을성 없는 오늘의 방광 탓이었다.

빵빵빵빵

빵빵빵. 이른 아침 골목길에서 자동차 경적소리가 동네를 깨웠다. 차 문에 커다랗게 '빠나데리아(PANADERIA)'라고 쓰인 빵 배달 차였다. 잠에서 막 깬 동네 부인들이 파자마 차림으로 하나둘씩 집밖으로 나왔다. "부에노스 디아스." 그들은 졸린 눈으로 아침인사를 나누고, 빵이 가득 실린 차에서 바게트 빵이나 케이크를 받아가지고 집안으로 들어갔다. 그 모습이 얼마나 정겹고 따뜻한지 그들을 따라 집안으로 들어가고 싶었다. 그들과 함께 식탁에 둘러앉아 갓 배달된 따끈하고 부드러운 빵을 먹고 싶었다.

초등학교에 다닐 때 집안 형편이 어려운 아이들에게 급식으로 나오는 옥수수빵이 있었다. 빵을 담은 고무통이 각 교실마다 배달될 때면 고소한 빵

냄새가 학교 전체에 퍼졌다. 그때마다 빵을 받지 못한 아이들은 코를 벌름거리며 입맛을 다셔야 했다. 불행히도(?) 나는 빵 배급의 혜택을 누리지 못한 아이였다. 어쩌다 마음 착한 짝꿍을 만나게 되는 날에는 짝꿍이 떼어주는 빵을 조금 맛볼 수도 있었다. 운 좋게도 빵이 남는 날 청소당번을 하면 담임선생님이 한 개씩 나눠주기도 했다. 좋아서 입이 함박만 해지는 순간이었다. 우리에게도 이른 아침 이 골목 저 골목을 다니며 갓 구운 빵을 배달해주는 빵차가 있으면 좋겠다고 생각했다.

일곱 난장이를 위한 샤워실?

스페인에서 가장 아름다운 다리 중 하나인 이테로 다리를 건너면서부터 '감춰진 보물들의 지방' 팔렌시아가 시작된다는 표지석이 서 있었다. 그 앞에서 세 명의 스페인 할아버지들이 사진을 찍고 있다가 연과 나를 보더니 함께 찍자고 청했다. 흔쾌히 응했더니 그 중 한 분은 연의 어깨에 슬쩍 팔을 둘렀다. 연은 화를 낼 수도 없어 피식 웃고 말았다. 내가 청년들을 볼 때 느끼는 사랑스럽고 풋풋한 감정을 그들도 우리에게서 느끼는 걸까. 청춘을 가늠하는 잣대는 절대적이라기보다는 상대적인 것 같았다.

검정버드나무들이 서 있는 강을 따라 걸어 이테로 데 라 베가에 닿았다. 택시를 타고 먼저 온 선주가 마을 어귀까지 마중 나와 있었다. 그녀가 예약해둔 사립알베르게는 마을 깊숙한 곳에 자리하고 있었다. 싱글침대 두 개와 더블침대 하나가 있는 환한 방을 단독으로 얻었다. 늘 여러 사람과 함께 답답하고 불편한 이층침대에서 자다가 우리만의 방을 쓰게 되니 횡재한 기

분이었다. 그런데 샤워실이 겨우 몸 하나만 들어갈 정도로 작았다. 내가 백설공주의 일곱 난장이도 아니고…. 몸을 돌릴 수도 없고, 구부릴 수도 없어 어떻게 비누칠을 하고 어떻게 헹궜는지 모를 정도였다. 순례길의 재미는 이런 예기치 못한 상황들에 있었다. 매번 다른 샤워실과 화장실에 적응하는 일이 그랬고, 안전가드 없는 이층침대가 그랬다. 처음에는 침대에서 떨어질까 봐 바짝 긴장해서 잠도 못 잤는데, 불편함을 견디다 보니 몸이 알아서 적응하고 있었다.

거우 몸만 닦고 나왔는데, 이번엔 주방이 문제였다. 주방은 냄새가 났고 관리를 게을리 한 듯 청결하지도 않았다. 그런데 그곳엔 누군가 남겨두고 간 파스타 재료가 있었다. 순례자들은 대부분 요리를 하고 남은 재료를 주방에 남겨두곤 했다. 그러잖아도 무거운 배낭에 음식 재료까지 싸 짊어지고 다닐 수는 없기 때문이었다. 나도 남는 쌀과 야채 등을 다음에 올 순례자들을 위해 남겨두었다. 따라서 운 좋은 순례자는 장을 보지 않고도 한 끼 식사를 해결할 수 있었을 것이다. 오래 전 수도승들은 탁발을 하며 구도의 길을 걸었다고 하는데, 어쩌면 남는 식재료나 음식을 두고 떠나는 일도 욕심을 내려놓는 수행의 한 방편이었을 거라는 생각이 들었다. 오늘은 선주와 연이 저녁을 준비하겠다며 영미와 내 등을 떠밀었다. 우리가 야외 테이블에 앉아 맥주 한 잔을 마시며 쉬는 동안, 주방 쪽에서 야채 볶는 냄새와 파스타 삶는 구수한 냄새가 풍겨왔다.

16일차 이테로 데 라 베가~비얄카사르 데 시르가

Itero de la Vega ~ Villalcazar de Sirga 28.5km

가장 늦게 산티아고에 도달하는 사람

선주는 며칠 쉬었다가 다리가 회복되는 대로 조금씩 걷겠다며 이테로 데라 베가에 남기로 했다. 이른 아침 숙소의 현관까지 배웅 나온 그녀를 안아주는데 눈물이 나왔다. 2주 동안 함께 하며 정이 들어서이기도 했지만, 아픈 사람을 두고 떠나려니 마음이 좋지 않아서였다. 지난밤 잠자리에서 그녀가 말했다.

"난 어쩌면 세상에서 가장 늦게 산티아고에 도달하는 사람이 될지도 몰라. 걷는 시간보다 멈춰 있는 시간이 많다보니 생각도 많아지네. 내 일기가 점점 길어지고 있어."

나는 그녀의 일기책에 『달팽이 걸음으로 걸었다』라는 제목을 지어주었다. 일기가 길어지더라도 그녀가 산티아고까지 무사히 걷기를 바랐다.

뒤를 돌아볼 때마다 그녀가 연과 영미, 나를 향해 손을 흔들고 있었다. 그녀는 언제 도착할지 모르는 산티아고를 향해 손을 흔들고 있었는지도 모른다.

바람, 바람, 바람

보아디야에서 아침을 먹으려 했으나 일요일이었고 이른 시간이라 바는 모두 닫혀 있었다. 배고픔을 참고 걸었다. 보아디야를 지나면서 카스티야 운하가 시작되었다. 수로를 따라 걸을 때 세찬 바람이 불었다. 포플러나무 들이 일제히 이파리를 뒤집으며 요란한 소리를 냈다. 금방이라도 나무뿌리 가 뽑혀나갈 것 같은 바람이었다.

나는 일행에 뒤처져서 느리게 걷고 있었다. 바람은 그칠 줄 몰랐다. 마치 폭풍의 언덕을 지나고 있는 것 같았다. 귀가 먹먹했다. 흐르는 물과 대찬 바람, 흔들리는 이파리, 물결치는 밀밭과 유채꽃, 흰색 마가렛 꽃과 걷고 있는 나만이 세상에 존재하는 것 같았다. 그러다 갑자기 낯선 풍경이 눈에 들어왔다.

바람이 세차게 부는 벌판에 테이블이 하나 놓여 있었고, 그 둘레에 세 남 자가 앉아 있었다. 아침 일찍 소풍을 나온 사람들 같았다. 그들은 날씨에는

아랑곳없이 여유 있게 차를 마시고 있었다. 순례자들도 몸을 움츠린 채 떨면서 걷고 있는데, 미친바람이 부는 벌판에서 티타임이라니! 그들은 마치 중세의 그림 속에서 튀어나온 사람들처럼 그로테스크해보였다. 게다가 그들은 대부분의 스페인 사람들과 달리 걷고 있는 순례자에게는 관심도 없고 이야기에만 몰두해 있었다. 나는 망치로 머리를 한 대 맞은 듯 멍했다. 내가 이상한 나라의 앨리스가 된 것 같았다.

조금 더 걸어가자 부부로 보이는 남녀가 운하에 낚시 바구니를 담갔다 꺼냈다 하고 있었다. 송어라도 낚고 있는 걸까. 가까이 다가가 바구니 안을 들여다보니 가재였다. 제법 큰 민물가재들이 바구니 속에서 저희들끼리 몸을 포갠 채 꿈틀거리고 있었다. 이렇게 스산한 날씨에 낚시를 하는 사람들도, 바구니 속의 가재들조차도 기이해보였다.

수로의 한가운데에 서 있는 그녀

프로미스타로 들어서면서 운하는 다른 방향으로 흘렀다. 운하가 지나는 다리 위에 영미가 서 있었다. 그녀는 가던 길을 멈추고 서서 물길을 내려다보고 있었다. 물소리 때문인지 생각에 빠져 있어서인지 큰 소리로 그녀의 이름을 불렀으나 대답이 없었다. 지난 밤 그녀가 늦도록 잠들지 못하고 휴대폰으로 누군가와 통화하는 것을 보았다. 그녀가 이곳까지 안고 온 숙제 또한 가볍지 않은 것 같았다. 나 역시 수로를 따라 걸으며 생각의 물꼬를 이리 저리 틀어보지만 생각은 폭우 끝의 물길처럼 쉽게 잡히지 않았다. 그러다 보면 어느덧 원점에 와 있었다.

길이가 200킬로미터에 이른다는 카스티야 운하는 18세기 중반에 시작해서 19세기 초에 끝났다고 한다. 사람의 내면을 흐르는 물길도 하루아침에 이루어진 것이 아니기 때문에 쉽게 삶의 물길을 뒤바꿔놓을 수는 없을 것이다. 그것은 많은 희생과 수고가 뒤따르는 일이므로. 물길을 거스르지 않고 흐른다는 것은 무얼까. 몸의 길을 따르는 걸까. 마음의 길을 따르는 걸까. 거침없이 흐르는 저 물길의 끝은 어디일까 궁리하듯 그녀는 물길을 내려다보며 오래오래 그 자리에 서 있었다. 나는 그녀가 벼랑 끝에 서 있는 것처럼 위태로워 보여 조마조마했다.

노상방뇨, 그 원초적 본능

두 개의 갈림길이 있었다. 언은 어디쯤에서 뒤처졌는지 보이지 않았다.

영미와 나는 자동차가 다니는 포장도로 대신 수로를 따라 우회하는 들길을 택했다. 둘은 말없이 걸었다. 처음엔 내가 앞서가다가 나중엔 영미 뒤에 처져 걸었다. 바람에 몸을 뒤집는 포플러 나뭇잎들을 올려다보느라, 수로와 풀숲 사이에서 우는 맹꽁이 소리를 듣느라. 그러다 갑자기 요의를 느꼈다. 주위를 둘러보았으나 허허들판이라 화장실 같은 것이 있을 리 없었다. 앞에도 뒤에도 사람은 보이지 않았다. 나는 배낭을 내려놓고, 풀숲을 헤치고 들어갔다. 바지를 내리고 쭈그려 앉았다. 수로를 따라 따뜻한 물줄기가 흘러내렸다. 시원했다. 바람 한 줄기가 맨살을 스쳤다. 부드러웠다. 두 눈을 감았다. 바람의 손가락이 나를 쓰다듬었다. 강아지풀이 뺨을 간질였다. 온몸의 솜털들이 모두 일어서는 것 같았다. 바람에 몸을 맡긴 채 한참을 앉아 있었다. 머리끝부터 발끝까지 몸의 감각들이 생생하게 살아 움직이는 것 같았다. 바람이 다시 몸을 휘감았다. 일시 정지된 영화 속 한 장면처럼 바람도, 잎사귀를 뒤집는 포플러나무도, 바람에 나부끼는 강아지풀도, 흐르는 물결도, 모두 멈춰 있었다. 나도 그들의 일부가 되었다. 시간이 얼마나 흘렀을까. 다시 풀벌레 소리, 바람 소리가 들렸다. 나무와 풀이 흔들리고 있었다. 나는 일어서서 바지를 추슬렀다.

공짜 사탕? 공짜 사랑?

비야 멘떼로 데 깔포스의 바에서 연을 다시 만났다. 아직 발이 회복되지 않아 걷기가 힘들었던 연은 택시를 불렀다. 바를 막 떠나려 할 때 한 스페인 할아버지가 우리에게 다가오더니 사탕바구니를 내밀었다.

"공짜예요?"

물었더니 그가 고개를 끄덕였다. 서너 개의 사탕을 집으려 하자 그는 손사래를 치며 말했다.

"노, 노, 노. 한 개만."

그리고는 스탬프를 찍어주겠다고 했다. 순례자여권이 배낭 안에 있어서 곤란한 표정을 지었더니 손등에 찍어주었다. 그는 스페인어로 뭐라 뭐라 말하더니 악수를 청했다. 카미노를 잘 하라고 축복해주는 말 같았다. 누가 시키지 않았는데도 스스로 원해서 하는 일이었다. 이처럼 순례자들에게 소소한 즐거움을 주는 시니어들을 길 위에서 자주 만났다. 반드시 물질적 여유가 있어서 그러는 것 같지는 않았다. 자신을 챙기는 일보다 남을 보살피는 데서 오는 기쁨을 아는 사람들이었다.

비얄카사르 데 시르가가 보이기 시작했다. 인구가 250명밖에 되지 않는다는 이 마을은 템플기사단의 본거지였다고 한다. 그래서인지 외지에서 온 관광객들이 많이 눈에 띄었다. 물어물어 타스카 돈 카미노 알베르게로 갔다. 먼저 도착한 연과 영미가 내 침대를 맡아 놓았다. 다른 순례자들은 아직 도착하지 않았다. 샤워와 빨래를 마치고 바에서 마시는 맥주 한 잔의 시원함이란!

작은 성당에서 열린 콘서트

길을 걷다 보면 뜻밖의 행운을 만나기도 한다. 다리가 몹시 쑤셔서 이른 저녁을 먹고 쉬려 했는데, 연이 산타마리아성당에서 콘서트가 있다며 가자고 했다. 식사도 마다하고 달려갔다.

푸에르토리코 출신의 음악가 부부가 아기를 데리고 다니며 공연여행을 하고 있었다. 성당 앞줄에는 어머니와 동생으로 보이는 여자가 앉아 있었고, 머리에 꽃을 꽂은 여자아기가 유모차에 앉아 또랑또랑한 눈으로 제 엄마 아빠를 바라보고 있었다.

소박한 드레스 위에 숄을 두른 아내는 노래를 하고, 남편인 카를로스는 기타를 쳤다. 첫 곡은 「Come Again」이라는 노래였다. 떠나간 사랑을 그리워하며 사랑이 돌아오기를 바라는 애절한 노래였다. 기타 반주와 노래의 선율이 시골 마을의 작은 성당에 울려 퍼지며 내가 걸어온 길들이 떠올랐다. 이파리를 뒤집는 포플러나무와 햇살에 반짝이는 강 물결, 바람에 파도치는 푸른 밀밭, 길에서 만난 사람들…. 400킬로미터를 걸어온 고단한 다리와 지친 영혼을 음악이 쓰다듬어주고 있었다.

카를로스는 곡 중간 중간에 해설을 곁들였는데, 해설이라기보다는 고백에 가까웠다. 그는 사랑하는 여자를 만나 결혼을 하고, 소중한 딸을 얻게 되었을 때 내면에서 일어난 말할 수 없이 강렬한 감정에 대해 이야기했다.

나에게 가장 소중한 시간은 언제였을까 되돌아보았다. 한 남자를 만나 결혼하고 두 딸을 낳아 키웠다. 그리고 그는 떠났다. 하지만 지나간 것들을 후회하거나 아쉬워하지 않을 것이다. 나의 어제는 지나가버려서 없고, 내일은 오지 않아서 없다. 오늘, 바로 지금 이 순간만 있을 뿐이다. 나를 힘들게 했던 일이든 기쁘게 했던 일이든, 지나간 것들은 모두 내려놓고 지금 이 순간을 뚜벅뚜벅 걸어갈 것이다.

카를로스는 마지막으로 순례자들을 축복하는 말을 해주고, 「알함브라 궁전의 추억」을 연주했다. 오페라하우스나 연주회장이 아닌 시골의 작은 성당에서 만난, 그것도 카미노의 반을 걸어오며 뜻밖에 만난 음악은 특별한 선물이었다.

공연이 끝나자 스무 명도 안 되는 청중은 일제히 자리에서 일어나 박수를 쳤다. 나는 그들에게 다가가 악수를 청했다.

"감동적인 콘서트였어요. 덕분에 큰 힘을 얻었어요. 당신들은 정말 아름다운 사람들이에요."

카를로스의 아내가 나를 꼭 안아주며 말했다.

"고마워요. 부엔 까미노!"

내 뺨으로 눈물이 흘러내렸다.

성당 앞에 있는 레스토랑에서 스프와 샐러드, 연어구이로 늦은 저녁식사를 했다. 순례자가 보통 하루를 먹고, 자고, 쓰는 비용에 해당하는 20유로나 들었지만 여정의 반을 걸어온 나에게 베푸는 만찬이기도 했다. 돈이 아깝지 않을 정도로 음식은 맛있었고, 서비스도 훌륭했다. 식사 후 웨이터에게 약간의 팁을 줬더니, 그가 보답으로 레스토랑의 이름이 새겨진 묵직한 머그잔을 한 개씩 주었다. 순례자들에게 머그잔이라니! 날마다 무거운 배낭을 짊어지고 걸어야 하는 순례자들에겐 명함 한 장도 짐이 된다는 사실을 아는지 모르는지 그는 싱글벙글했다. 어쨌든 특별한 선물 덕분에 오랜만에 품위 있는 양치질을 하게 되었다. 그리고 머그잔은 알베르게 욕실에 두고 떠났다. 이곳에 머물게 될 순례자들을 위해서였다.

지금 여기,
산티아고

17일차 비얄카사르 데 시르가~칼사디야 데 라 꾸에사

Villalcazar de Sirga ~ Calzadilla de La Cueza 24km

신기루 같고 모자버섯 같고 종달새 같은

연과 영미보다 먼저 출발했다. 칼사디야 데 라 꾸에사까지 가는 길은 멀었다. 거리가 멀어서가 아니라 마을이 거의 없어서였다. 지루한 길을 혼자 걷느라 지친 다리와 마음은 마을이 나타나기만 기다렸다. 마을은 사막의 오아시스와도 같았다. 바가 열려 있는 마을은 더더욱 그랬다. 어떤 때는 한 잔의 카페콘레체를 마시기 위해, 어떤 때는 바에서 직접 짜주는 한 잔의 신선한 오렌지주스를 만나기 위해 걸었다. 마을이 신기루처럼 보이는 날이 있었다. 분명히 저 멀리 보였었는데 오르막 내리막을 걷다 보면 어느새 눈에서 사라졌다. 내가 잘못 본 걸까. 고개를 갸웃거리며 걷다 보면 보이지 않던 마을이 떡하니 눈앞에 나타나기도 했다.

나무에 모자가 걸려 있었다. 가까이 다가가보니 모자가 아니라 모자처럼 생긴 큰 버섯이었다. 나는 모자버섯이라고 이름 붙여주었다. 종달새들이 모자버섯과 밀밭 사이로 날아다녔다. 그 중 한 마리는 내가 걷고 있는 길 앞에 내려앉았다가 내가 다가가면, 날 잡아보라는 듯이 더 먼 곳으로 날아가 앉았다. 신기루 같고 모자버섯 같은 것이 인생인지도 모른다. 잡히지 않는 종달새를 잡으려 하는 일이 삶이라는 긴 여정인지도 모른다는 생각이 들었다.

내 사주에는 고독이 들어 있다고 했다. 그래서인지 혼자일 때가 많았다. 산에 가거나 산책을 할 때, 여행을 갈 때에도 혼자일 때가 더 자연스럽고 편했다. 누군가를 기다릴 필요 없이 바로 떠날 수도 있고, 내 페이스대로 걸을 수 있으므로. 걸으면서, 혹은 여행하면서 옆에 있는 사람을 신경 쓰다 보면 주변 풍경을 놓치게 되기도 하고, 꼭 봐야 할 것들을 놓치기도 했다. 요즘엔 일하면서 음악도 듣고, 인터넷을 하기도 하는 멀티 플레이어들이

많은데, 나는 두 가지 일을 동시에 하지 못한다. 외곬으로 치우친 성격 탓이다. 하지만 외로움이나 고독을 내 편으로 만들 수만 있다면 자신에게 좀 더 집중할 수 있어 혼자인 것도 나쁘지 않은 것 같다.

길 양쪽으로 갈아엎은 밭들이 눈에 띄었다. 내 마음밭도 새롭게 일구고 싶었다. 하지만 땅이 좋아야 좋은 열매를 얻을 수 있을 터. 마음을 정결히 하고 맑은 눈을 갖는 일이 우선일 것이다. 그 후 좋은 씨앗을 뿌리고 경작하는 일을 게을리 하지 않는다면 언젠가는 원하는 열매를 얻게 될 것이다. 나에게 있어 걷기는 마음밭을 경작하는 일이나 다름없는 일이었다.

내 앞에서 한 여성 순례자가 담배를 피우며 천천히 걷고 있었다. 그 뒷모습이 느긋해 보여 내 걸음도 차츰 느려졌다. 갑자기 그녀가 걸음을 멈추더니 그 자리에 섰다. 나도 멈춰 섰다. 그녀는 손가락 사이에 담배를 낀 채 우두커니 서서 하늘을 올려다보았다. 꿈꾸듯, 기도하듯 하늘을 올려다보는 그녀가 자유롭고 평온해보였다. 생의 한 호흡을 멈출 수 있는 사람만이 가질 수 있는 여유였다.

나도 그녀 곁에 나란히 멈춰 서서 하늘을 올려다보고 싶었다. 못 피우는 담배지만 한 대 청해서 입에 물고 싶었다. 쫓기듯 동동거렸던 삶을 잠시 접어두고 느리게 걷고 있는 여정에서 그것은 또 한번의 멈춤이 될 것이었으나 그녀를 방해하지 않았다. 이 길 위에서 나는 어느 누구보다 자유를 느끼고 있었으니, 그녀를 부러워할 일이 아니었다. 나는 다시 걸음을 옮기기 시작했다. 그리고 그녀 곁을 지나며 말했다.

"아 유 오케이?"

그녀는 미소 가득한 얼굴로 고개를 끄덕이며 대답했다.

"부엔 카미노(좋은 순례길이 되기를)!"

프랑코가 사준 오렌지주스

몸도 마음도 지쳐갈 무렵 마을이 눈에 들어왔다. 칼사디야 데 라 꾸에사에 먼저 도착한 나는 호스텔을 찾아 들어갔다. 곧 뒤따라올 연과 영미와 함께 머물 3인실을 알아보기 위해서였다. 그런데 숙박비가 예상했던 것보다 훨씬 비쌌다. 포기하고 나오려는데 바에 앉아 있던 누군가가 아는 척을 했다. 로그로뇨에서 함께 저녁을 먹었던 구두쇠 프랑코였다.

"걸어오느라 힘들었지? 커피 한 잔 할래?"

나는 와인 값을 나누어 낸 그날이 생각났다. 이번에도 내 커피 값을 나한

테 내라고 하는 거 아닐까 싶었다. 하지만 나는 먼 길을 걸어와서 몹시 목이 말라 무어라도 마셔야 했다.

"커피 대신 오렌지주스를 마셔도 될까?"

그는 오렌지주스를 주문해주었고, 고맙게도 내 주스 값을 내주었다. 한순간 그의 호의를 의심했던 내가 부끄러웠다.

"여기서 머물 거야, 프랑코?"

"아니. 난 잠시 쉬었다가 다음 마을까지 걸을 거야. 네 친구들은 어디 있어?"

"이곳으로 오는 중이야. 내가 먼저 도착해서 숙소를 알아보고 있었지. 다시 만나서 반가워. 오렌지주스 잘 마셨어. 힘내서 잘 걷길 바랄게. 부엔 카미노!"

머리 빗겨주는 남자

호스텔을 나와 사립알베르게로 가서 체크인을 했다. 연과 영미도 곧 도착했다. 샤워를 마치고 알베르게의 뒤뜰 햇살 아래에서 머리를 말리며 쉬고 있었다. 실내에 있기엔 다소 쌀쌀한 날이어서 사람들은 양지 바른 뜰로 나왔다. 서너 명의 여자들이 수영장 담벼락에 기대어 햇볕을 쪼이고 있었다. 그때 수영 팬티 차림의 남자가 수영장 속으로 성큼성큼

걸어 들어오더니 차가운 물에 몸을 담갔다. 여자들이 환호하며 박수를 치자 그는 보란 듯이 물을 가르며 수영을 했다.

나는 그들보다 뜰 한구석에서 벌어지는 광경에 마음을 빼앗기고 있었다. 아내의 머리를 빗겨주는 남자 때문이었다. 아내를 의자에 앉히고, 그는 선 채 빗으로 단발머리 아내의 머리를 빗어주고 있었다. 한 손으로는 머리를 빗겨주면서 다른 손으로는 빗은 머리를 정성스럽게 쓰다듬었다. 그 모습이 너무 사랑스러워 보여 사진을 찍어도 되겠느냐고 물었다. 그들은 웃으며 고개를 끄덕였다. 늘 이렇게 아내의 머리를 빗겨주느냐고 묻자 그의 아내가 고개를 끄덕였다.

길 위에서 많은 사랑을 만났다. 머리를 빗겨주는 사랑, 붉은 개양귀비꽃을 꺾어 머리에 꽂아주는 사랑, 하트 모양의 돌멩이를 찾는 사랑, 무거운 짐을 대신 지어주는 사랑, 아내를 위해 요리해주는 사랑, 넘어진 아내를 일으켜주는 사랑, 죽은 아내를 그리워하며 걷는 사랑, 깊은 밤 침대에 포개 누워 나누는 은밀한 사랑, 그걸 알면서도 눈감아주는 사랑…. 이 중에서 누구의 사랑이 더 크고 깊은지 잴 수 있을까. 사랑은 저울이나 자로 측정할 수 있는 것이 아니다. 사랑을 주고받는 당사자들조차도 그 사랑의 크기와 깊이가 다를 테니까. 누군가의 말처럼 천 명의 사람이 있으면 천 개의 사랑이 존재한다.

18일차 칼사디야 데 라 꾸에사~사아군

Calzadilla de La Cueza ~ Sahagun 23km

답을 얻어가고 있니?

'원하는 답을 얻어가고 있니? 부러워. 여기가 아닌 거기에 있는 네가.'

서울에서 평소와 다를 것 없는 하루를 보내고 있을 친구가 보내온 메시지를 읽는 순간 잊고 있었던 현실이 되살아났다. 여정의 반 이상을 걸어왔으나 미래는 보이지 않았다. 이 길의 끝에는 무엇이 있을까. 그녀의 물음처럼 나는 답을 찾아가고 있는 걸까. 그녀에게 답을 했다.

'반쯤 오니 길이 끝나가는 게 두렵기도 해. 하지만 지금 이 순간을 즐기고 있어. 다 잘 될 거라 믿어.'

아침식사를 하러 들른 바에서 연에게 물었다.

"야고보는 예수님에게 어떤 제자였을까."

"그냥 평범한 제자였지. 어부였고."

스페인에 가톨릭이 알려진 것은 예수의 12제자 중 한 사람인 야고보(스페인 식으로는 산티아고) 덕분이었다. 그는 예수가 십자가에 못 박혀 돌아가신 뒤 유대 땅을 떠나 먼 서쪽 땅으로 선교여행을 떠났다. 에스파냐에서 포교하려고 했던 그는 성과 없이 예루살렘으로 돌아왔다. 그리고 헤롯왕 1세에 의해 목이 잘려 순교했다. 그의 시신은 제자들에 의해 수습되어 돌로 만든 배에 실려 스페인 북서쪽으로 보내졌다고 한다. 야고보의 시신은 가까운 내륙에 매장되었고, 이후 사람들에게 잊혔다가 한 가톨릭 수도사에 의해 발견되었다. 어느 날 밤 밝게 빛나는 한 무리의 별빛이 어느 곳을 비추고 있었는데, 별빛을 따라 간 수도사가 야고보의 유골을 발견하게 된 것이었다. 이후 그곳은 산티아고 데 콤포스텔라, 즉 별들의 들판이라는 이름을 갖게 되었고, 로마, 예루살렘과 함께 세계 3대 가톨릭 성지가 되었다. 1982

년 교황 요한 바오로 2세가 처음으로 산티아고 데 콤포스텔라를 방문하면서, 1993년 유네스코세계문화유산에 등재되고, 파울로 코엘료가 소설 『순례자』를 발표하면서 그곳은 가톨릭 신자뿐만 아니라 일반인들도 많이 찾는 곳이 되었다.

나는 왜 오래 전 복음을 들고 걸었던 야고보의 뒤를 따라 이 길을 걷고 있는가 스스로에게 묻고 또 물었다.

75세 데이비드의 네 번째 카미노

사아군에 거의 도착할 무렵 뿌엔떼 성모성당을 지나게 되었다. 중세의 다리와 무데하르 양식으로 유명한 성당으로, 여러 번의 기적을 일으켰다는 성모상이 있는 곳이었다.

성당 옆 벤치에서 쉬고 있을 때 한 노년의 순례자가 지친 모습으로 우리 곁으로 왔다. 그에게 자리를 내어주고 우리가 먹고 있던 쿠키를 권했다. 아일랜드에서 온 75세의 데이비드는 이번이 네 번째 카미노라고 했다.

"그동안 아내와 함께 다녔는데, 이번엔 아내가 아파서 혼자 왔다오. 나도 다리가 불편해서 하루에 조금씩 걷고 있지."

유럽 사람들은 은퇴 후 많은 시간을 걸으며 보내고 있었다. 종교적인 명상을 위해 걷는 사람도 있지만, 먹고, 일하고, 자는 것처럼 단순히 걷기 위해 걷는 사람도 있었다. 그들에게 카미노는 큰 결심이나 용기를 필요로 하는 일은 아니었다. 힘들면 천천히 여유를 가지고 걸으면 되는 일이었다. 길 위에서 다양한 사람들을 만나며 생각을 나누고 마음을 나누는 그들은 노을

처럼 아름답게 저물어가고 있었다. 나는 여든이 넘은 어머니와 아버지를 떠올렸다. 돌아가면 우리 땅의 작은 구간이라도 부모님을 모시고 함께 걸어야겠다고 생각했다.

연이 제가 아는 아일랜드 가수의 이름을 언급하자, 그는 그 가수의 노래를 흥얼거렸다. 함께 오지 못한 아내에게 보여주고 싶다며 우리와 함께 사진도 찍었다. 그는 배낭에서 사과 한 개를 꺼내더니 함께 나눠 먹어도 되겠느냐고 물었다. 내가 휴대용 칼을 내밀자 그는 사과를 네 조각으로 나누어 한쪽씩 건넸다. 그가 건넨 사과 한쪽을 베어 먹으며 여생을 사과 조각처럼 나눠 쓰는 지혜를 배우고 싶었다.

사아군은 돌 대신 벽돌을 주로 사용하여 건축한 로마네스크–무데하르 양식의 건물들로 이루어진 도시였다. 내가 머물게 된 알베르게는 16~17세기에 지어진 성당으로 지금은 순례자를 위한 숙소로 사용되고 있었다. 벽돌로 된 벽과 나무 천장은 공사를 하다 만 것처럼 을씨년스러워 보였다. 그러나 그 많은 침대들은 각각 칸막이가 되어 있어서 사적인 공간을 어느 정도 보호해주었다. 무엇보다도 큰 테이블이 두 개씩이나 있는 넓고 환한 주방이 마음에 들었다. 그곳에서 스물두 살의 한국 아가씨 소연을 만났다. 그녀는 혼자 걷고 있었는데, 다리에 문제가 생겨 이틀째 이곳에 머물고 있다고 했다.

"여기서 저녁을 해먹을 건데 함께 할래요?"

"정말요? 고맙습니다."

연에게 소연을 저녁식사에 초대했다고 했더니 썩 반기는 기색이 아니었다. 소연이 한국에 있는 가족과 통화하는 소리를 우연히 들었는데, 투정부리는 말투가 귀에 거슬렸던 모양이었다. 그녀의 동의를 구하지도 않고 성급하게 초대부터 한 나의 실수였다.

중요한 성당 몇 곳을 봐야 한다는 연을 따라 나섰다. 혹시라도 추울까봐 재킷을 두 개나 걸치고 나갔는데, 밖은 땡볕이었다. 비로소 스페인에도 여름이 온 것 같았다. 아쉽게도 보고 싶은 성당은 공사 중이거나 닫혀 있었다. 할 일 없이 마을을 서성거리다가 광장 근처에서 맥주 한 잔을 마셨다. 영미는 한교 씨 부부를 만나러 간다며 떠나고, 연과 나는 슈퍼마켓에 갔다. 문이 잠겨 있어 그 앞에서 기다렸다. 시에스타가 끝나는 5시가 되어서야

문이 열렸다.

이곳에서 드디어 홍합을 발견했다! 에스테야의 알베르게에서 홍합을 삶 아먹는 사람들을 본 후로 내내 눈앞에 어른거려 벼르고 있던 차에 싱싱한 홍합을 구하게 된 것이다. 저녁으로 해먹을 식재료와 새 비누를 사고, 초콜 릿과 넥타도 샀다. 계산대에 있을 때 영미가 한교 씨 부부와 함께 왔다. 그 들은 다른 알베르게에 머물고 있는데, 우리와 함께 저녁을 먹고 싶어서 따 라왔다고 했다. 영미에게 홍합을 좀 더 사오라고 일러두고, 연과 나는 무거 운 저녁거리를 들고 왔다. 그녀는 여전히 데면데면하게 굴었다.

밥과 찌개를 하는 동안 몇 번인가 전기가 나갔고, 그 때문에 밥이 설익었 다. 그러나 감자와 양파를 썰어 넣은 고추장찌개는 얼큰하고 맛있었다. 내 가 그 많은 홍합을 삶느라 쩔쩔 매고 있을 때, 가스레인지의 차례를 기다리 며 서 있던 이탈리아인 조조가 옆에서 자꾸 말을 걸었다.

"이 국물은 왜 이렇게 빨개?"

"우린 홍합을 삶아서 알맹이만 먹는데, 너희는 국물도 먹는 거야?"

여섯 명의 한국인이 모여 식사를 하려는데, 모리츠가 나타났다. 깔사디야 데 라 꾸에사의 수영장이 있는 알베르게에서 자원봉사를 하던 청년이었다. 머리에 두건을 질끈 동여맨 그를 처음 보았을 때 배우 에단 호크가 온 줄 알았다. 그 역시 순례 중이었는데 알베르게에 며칠을 머물며 그곳의 일을 도와주는 거라고 했다. 스페인어를 쓰는 호스피탈레로만 보다가 영어를 하 는 잘생긴 청년을 만나니 눈과 귀가 환해진 것 같았다.

연은 모리츠에게 음식을 좀 먹어보라고 권했고, 결국 모리츠까지 함께하 는 저녁이 되었다. 밥과 찌개, 샐러드, 홍합과 와인이 있는 풍성한 만찬이 었다. 홍합은 알이 굵고 싱싱했다. 이제껏 먹었던 홍합에 비할 수 없을 만

큼 졸깃하고 감칠맛이 있었다. 여럿이 함께 하니 더 즐거운 식사가 되었다. 모리츠는 매운 찌개에 밥까지 말아서 맛있게 먹었다. 내가 모리츠에게 물었다.

"넌 대학생이니?"

"난 인생학교의 학생이에요. 길 위에서 배우는 게 더 많거든요. 나는 지금 이 순간이 가장 아름답고 행복해요."

착한 조조는 자신이 요리한 스파게티를 우리에게 조금씩 맛보게 했다. 제법 맛있었다. 저 혼자 먹기에도 부족할 텐데. 그 많은 홍합을 삶아서 내 배만 채우기에 급급했던 나는 미안하고 부끄러웠다. 대신 그의 손바닥에 '조조'라는 이름을 우리말로 써주고 '조조영화'나 '조조할인'의 뜻을 영어로 설명해주었다. 그가 아이처럼 즐거워했다. 조조는 설거지 후 주방 싱크대와 주방 벽까지 닦았다. 얼마나 깔끔하게 닦는지, 우리가 박수를 쳐주자 신이 나서 굳이 안 해도 되는 곳까지 닦아댔다. 한교 씨 부부가 가져온 살구와 망고를 함께 나누어 먹었다. 늦은 밤 언이 내 귀에 대고 속삭였다.

"사람들과 저녁을 함께 하길 잘했어. 넌 역시 마음이 큰 사람이야."

밤새 창밖으로 비둘기들 구구거리고

자정이 되자 소등이 되었다. 실내가 깜깜해지자 창밖으로 별이 보였다. 밖에 나가고 싶었지만 알베르게 문은 잠겨있었다. 밤하늘의 별들과 대화라도 나누는 걸까. 밤새 창밖에서 비둘기들이 구구거렸다. 새벽 5시쯤 눈을 떴을 때 높은 천장이 눈에 들어왔다. 동이 트려면 좀 더 기다려야 했다.

사다리를 타고 이층침대를 내려가 어두운 통로를 더듬거리며 화장실에 다녀온 후로 다시 잠에 들지 못했다. 손으로 더듬거려 헤드랜턴을 찾아 불을 켰으나 켜지지 않았다. 다시 이층침대를 삐거덕거리며 내려와 배낭을 뒤졌다. 여분의 배터리를 찾아 갈아 끼웠으나 이번에도 마찬가지였다. 난감했다. 휴대폰으로 다운받은 플래시를 켰지만 금세 꺼졌다. 아직 어둠 속이라 책을 읽을 수도, 일기를 쓸 수도 없었다.

나는 몸을 창 쪽으로 향한 채 반가부좌로 앉았다. 부모님을 떠올렸다. 길을 걸으며 가장 먼저 생각나고 가장 많은 기도를 하게 되는 부모님. 나를 세상에 태어나게 해준 그분들을 생각하며 기도했다. 그리고 오빠와 동생들, 두 딸, 나를 위해 기도해주는 친구들을 하나하나 떠올렸다. 내가 앉아있는 이곳이 오래전 성당이라서일까. 내 기도가 그분께 곧장 가 닿을 것만 같았다.

19일차 사아군~칼사디야 데 로스 에르마니요스

Sahagun ~ Calzadilla de los Hermanillos 14km

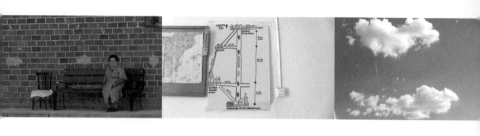

시간이 멈춘 곳, 후안 호세의 집

나에게 깊이 파고들어 나의 일부가 되어버린 오후를 생각한다. 그것을 제외하고는 우리의 인생을 말할 수 없는 그런 오후가 우리 모두에게는 있을 것이다. 깔사디야 데 로스 에르마니요스라는 마을이 그랬다. 우리가 머물게 된 알베르게는 기부금으로 운영되고 있었다. 주인인 후안 호세는 순례자 한 명 한 명을 가족처럼 대했고, 저녁 늦게까지 세심하게 챙겼다. 다음날 순례자들이 가야 할 마을과 거리를 직접 손으로 그려서 벽에 붙여놓았다.

나는 오후 시간을 알베르게 앞 벤치에 앉아 하늘의 구름을 올려다보다가, 마을 앞을 지나는 순례자들에게 손을 흔들어 "부엔 카미노!" 인사도 하며 보냈다. 저녁식사를 마친 마을 사람들은 집 앞 의자에 앉아 잡담을 나누기도 하고, 흘러가는 구름을 바라보기도 했다. 이따금씩 노인들이 느리게 걷거나 자전거를 타고 지나갔다. 이곳에서는 시간이 멈춘 것 같았다. 어젯밤 꿈에는 모리츠가 나를 보고 "안녕, 효!"라고 불러줘서 그를 사랑하기로 했다. 모리츠의 말처럼 지금이 가장 아름답고 행복한 순간이므로.

다음날 새벽 5시, 잠에서 깼을 때 주방에서 달그락달그락 소리가 났다. 호세가 아침식사를 준비하는 소리였다. 식탁에는 갓 구운 팬케이크와 홈메이드 사과잼, 우유, 시리얼, 커피 등이 놓여 있었다. 식사준비를 마친 호세는 밖으로 나가더니 잠시 후 붉은 개양귀비를 꺾어가지고 돌아와 식탁 위

꽃병에 꽂았다. 잠에서 깬 순례자들이 하나둘 식탁으로 모여 앉아 아침식
사를 했다. 그 모습을 바라보며 호세는 흐뭇한 미소를 짓고 있었다.

길 떠날 차비를 하고 알베르게 밖으로 나오자 호세가 말했다.

"가는 길에는 물이 없으니 물통에 물을 가득 채워가도록 해요."

그때 주방에서 쨍그랑 접시 깨지는 소리가 났다. 누군가 실수로 접시를
떨어뜨린 모양이었다. 호세는 황급히 주방으로 뛰어 들어가 접시 조각들을
줍고 뒤처리를 했다. 나는 그에게서 몸을 낮춘 성자를 보았다.

　　　햇살과 구름의 마을이다

　　　개와 노인들만 빈 마을을 서성인다

　　　양이었다가 말이었다가

　　　세상의 모든 계절을 담고 있는

　　　구름들이 마을 위를 떠돌고 있다

　　　집 앞 의자에 꼿꼿이 앉은 노인들 위로

　　　심심한 개의 늘어진 꼬리 위로

　　　올라, 하고 인사하면

　　　자세 하나 흐트리지 않고

　　　올라, 입만 달싹이는 노파 위로

저녁이면 햇살보다 투명한 구름이
홀로 된 노인 옆으로 내려와 쉬는 마을
머리 위로 새똥이 떨어져도 괜찮은
생의 마지막에 한번은 머무르고 싶은

간이역 같은 사람 하나 이 마을에 산다
순례자들을 먹여주고 재워주고 아침이면
이슬 젖은 개양귀비 붉은 꽃을 꺾어와
식탁을 꾸미는 호세가 구름과 햇살과 함께 산다

– 자시 「후안 호세의 마을」

처음엔 부상당한 나비가 절뚝거리며 기어가는 줄 알았다. 가까이 다가가
보니 개미가 죽은 나비를 끌고 가는 것이었다. 제 몸집의 스무 배도 넘는
나비였다. 개미에게는 나비 한 마리를 옮기는 일이 코끼리를 옮기는 것만
큼이나 고된 노동일 테지만 멈추지 않았다. 그 길이 개미에게는 머나먼 순
례의 길이나 다름없을 것이다. 죽은 날개가 살아 있는 듯 조금씩 움직였다.
날개가 팔랑거렸다. 개미에게 날개라도 돋친 듯, 구름 속에서 나온 햇살에
날개가 은빛으로 빛나고 있었다.

20일차 칼사디야 데 로스 에르마니요스
~만시야 데 라스 물라스

Calzadilla de los Hermanillos ~ Mansilla de las Mulas 24.5km

배낭을 멘 채로 소변보는 법을 익히다

마을도 우물도 보이지 않는 길을 종일 걸었다. 옛날 로마인들이 조성한 길이라 로마인의 길이라고도 불리는 자갈길이었다. 마을도 물도 없는데 이 수많은 돌들은 모두 어디서 온 걸까. 한여름 뙤약볕이거나 한겨울 눈 쌓인 길이라면 몹시 힘들었을 길이고, 혼자 걷는 길이라면 더더욱 그러할 것이다. 연은 자꾸만 뒤처졌고, 영미와 나는 중간 중간 쉬면서 준비해온 샌드위치와 과일을 먹었다. 오늘은 배낭을 멘 채 소변보는 법을 익혔다. 길은 여러 방식의 생존법을 나에게 가르치고 있었다.

이곳에서도 문제없이 지내는데 돌아가 살 걱정일랑 접어두자고, 현실에 대한 불안이 몰려올 때마다 스스로를 다독였다. 생각해보니 걱정에서 벗어난 적이 없었다. 경제적으로 여유가 있을 때에는 그때 모아두지 않으면 안 될 것 같아 동동거렸고, 여유가 없을 때는 없을 때대로 조바심했다. 통장의 잔고가 바닥을 보이는 지금도 이렇게 씩씩하게 걷고 있는데 나는 무엇을 걱정하는가. 물집 한 번 잡히지 않은 단단한 발과 튼튼한 두 다리가 나에게는 유네스코세계문화유산보다 더 소중한 자산인 걸. 마음의 잔고만큼은 바닥을 보이지 말자며 다시 한 발을 내딛었다.

이곳에 왜 왔니?

한 걸음도 더 걸을 수 없을 무렵 만시야 데 라스 물라스에 도착했다. 마을도 사람도 없는 길을 걷다가 소음과 활기로 가득한 도시에 오니 내 몸에도 생기가 도는 것 같았다. 만시야는 레
온 왕국과 카스티야 왕국 사이에 있
어 중세까지 방어도시의 역할을 했다
고 한다. 돌로 포장된 골목길들이 인
상적이었다. 공립알베르게는 붉은 제
라늄 화분들이 뜰을 둘러싼 벽에 걸려 있는데, 갤러리에 전시된 꽃그림들
처럼 아름다웠다. 그곳의 2층 방에 들어 샤워 후 침대에 누워 쉬고 있을 때
기타와 노랫소리가 들려왔다. 귀에 익은 팝송이었다. 몸을 일으켜 내려다
보니 몇몇 젊은 순례자들이 뜰에서 노래를 부르고 있었다. 다시 침대에 누
워 영혼의 마사지와도 같은 노래에 귀를 기울이다가 깜빡 잠이 들었다.

저녁 무렵 주방에서 네 명의 한국 청년들을 만났다. 그들은 파스타를 만들
어 와인을 곁들인 저녁식사를 하고 있었다. 모두들 혼자서 왔다가 길 위에
서 만나게 되었다고 했다. 한 친구는 『비바 산티아고』라는 만화를 보고,
또 한 친구는 산악인인 엄마가 등 떠밀어서, 다른 친구는 호주에서 워킹 홀
리데이를 하다 오게 되었다고 한다. 어떤 이유로 왔든 그들은 그들 앞에 펼
쳐진 길을 걸어내고 있었다. 발에 물집이 잡히고 다리를 절뚝거리면서도 꿋
꿋하게 걷고 있는 젊은이들이 모두 내 자식 같아 대견했다.

카자흐스탄에서 온 슬라바

한 청년이 주방 구석에서 혼자 저녁을 먹고 있었다. 카자흐스탄에서 온
슬라바. 그는 러시아 방송국의 사진기자라고 했다. 외모가 한국인을 닮아

있어 궁금했는데, 그의 아버지가 고려인이라고 했다. 그가 아버지의 이름을 영어로 써서 보여주는데, 태 씨 성을 가진 사람이었다. 어떤 연유로 그곳까지 흘러갔는지 모르지만 그에게 한국인의 피가 흐르고 있다고 생각해서인지 남 같지 않았다. 내가 사진들을 보고 싶다고 하자, 그는 배낭의 반은 차지할 만큼 큰 카메라 장비를 꺼냈다.

"이 무거운 걸 들고 걷는단 말이야?"

그가 웃으며 고개를 끄덕였다. 그는 순례자들을 인터뷰하는 동영상을 찍고 있다고 했다. 왜 순례길을 걷게 되었는지, 무엇을 보았는지, 무슨 생각을 했는지를 묻고 대답하는 영상이 카메라 안에 들어 있었다. 그는 나에게도 인터뷰를 부탁했다. 우리는 소란스러운 주방을 피해 알베르게 밖으로 나가 골목길에서 인터뷰를 했다. 나는 한국에 걷기 붐이 일고 있다는 이야기와 세계 각국에서 온 멋진 친구들을 길 위에서 만날 수 있어 좋다는 말을 했다. 그는 카미노의 풍경과 인터뷰 영상들을 정리해 러시아 방송국에 기획물로 내놓을 거라고 했다.

며칠 후 슬라바를 다시 만났는데, 그는 여전히 혼자였다. 얼굴은 푸석했고, 입술은 부르텄다. 그 마을의 바에서 잠시 쉬었다가 계속 걸을 예정이라고 했다. 대부분의 순례자들은 하루의 걸음을 멈추고, 동네 개들도 휴식을 취하는 시간이었다. 작별인사를 하고 멀어져가는 그의 뒷모습을 지켜보았다. 커다란 카메라와 배낭의 무게가 그의 깡마른 몸을 짓누르고 있었다. 언젠가 러시아의 순례자들이 이 길을 찾게 된다면, 그것은 슬라바의 무거운 카메라와 뙤약볕 속을 뚜벅뚜벅 걸어간 그의 두 다리 덕분일 것이다.

21일차 만시야 데 라스 물라스~레온

Mansilla de las Mulas ~ Leon 20km

레온, 풍요의 도시

멀리서 본 레온 시내는 실망스럽게도 아파트 일색이었다. 레온을 통과해서 다음 마을까지 가야겠다고 생각했다. 그런데 알고 보니 내가 본 것은 레온 신시가지였다. 시내로 들어가며 이제껏 본 중 가장 큰 과일 가게를 발견했다. 토마토, 오렌지, 체리, 딸기, 수박, 사과…. 보기만 해도 입 안에 침이 고이는 과일들이 진열되어 있었다. 싱싱하고 풍성한 과일을 구경하는 것만으로도 힘이 솟았다.

교구에서 운영하는 알베르게에 도착한 시간은 오전 11시. 버스로 오는 연과 이곳에서 만나기로 했으나 그녀도, 그녀의 배낭도 보이지 않았다. 순례자들이 체크인을 하기 위해 줄지어 서 있었다. 길 위에서 몇 번 본 적 있는 일본인 다나카 씨가 영미와 나를 보고는 어서 줄을 서라고 채근했다. 영미는 점심식사 후 버스로 떠나야 했고, 나 역시 계속 길을 갈 예정이었기에 우리가 직접 연을 찾아 나서기로 했다.

레온은 1세기 경 로마인들에 의해 만들어진 도시로, 인근의 금광에서 캐낸 금이 모이는 곳이었다. 문화와 예술 유산이 풍성하여 전통축제와 행사가 일 년 내내 열리는 곳이었다. 레온은 대도시답게 사람의 물결로 출렁이고 있었다.

볼거리도, 먹을거리도, 구걸하는 사람도 많은 골목길을 빠져나오니 탁 트인 광장이 나오면서 레온대성당이 눈앞에 떡 버티고 서 있었다. 그 웅장함이 부르고스대성당 못지않았다. 성당 앞에는 각종 먹을거리와 기념품을 파는 바자르가 열리고 있었다. 가게 주인들은 중세 유럽의 복장을 하고 있었는데, 그 모습이 너무도 근사해 연을 찾는 일은 건성으로 하면서 여기저기

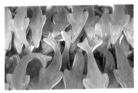

를 기웃거렸다. 온통 축제 분위기였다. 덩달아 마음이 들떴다. 퍼레이드 하
는 사람들 뒤를 따라다니며 구경만 해도 하루해가 다 갈 것 같았다. 이 흥
미로운 도시에서 나는 하루를 머물기로 마음을 바꿨다. 다시 알베르게로
돌아가니 그곳에 연이 와서 기다리고 있었다. 우리는 함께 체크인을 하고
침대를 배정받았다. 베네딕토수도원에서 운영하는 곳이라 규모도 크고, 깨
끗하게 관리되고 있었다. 무엇보다도 남녀 구분이 되어 있어서 좋았다. 이
곳에서 일하는 수녀와 성직자들은 쾌활하고 친절했다.

만나고 헤어지고, 헤어지고 만나고

침대에 짐을 내려놓고 버스 시간을 알아보고 있을 영미를 만나러 갔다.
함께 점심을 먹으려 했으나 모든 레스토랑은 1시 이후에나 문을 연다고 했
다. 스페인은 정말 이상한 나라다. 저녁식사도 7시나 8시 이후에나 가능하
다. 돈만 내면 어느 때라도 밥을 먹을 수 있는 우리의 음식점과는 달라도
많이 달랐다. 이들의 느긋함과 여유는 돈 버는 일에 연연하지 않는 데에서
오는 건지도 모른다는 생각이 들었다. 베이커리에서 커피에 빵으로 식사를
대신하고 나니 영미와 헤어질 시간이었다. 그녀는 한국으로 돌아가는 일정
이 빠듯해 몇 군데를 버스로 건너 뛸 거라 했다. 열흘쯤 같이 걸으며 정이
들었는데, 혼자 보내려니 서운하기도 하고 걱정도 되었다. 하지만 그녀에
게도 풀어야 할 숙제가 있으니 혼자만의 시간이 절실할 것이었다.
　정희 부부, 선주, 릴리, 영미까지 카미노의 전반부를 함께한 사람들이 하
나둘씩 떠나고 연과 나, 둘만 남았다. 둘은 바자르 주변을 어슬렁거리며 시

간을 보냈다.

길 위에서 만났던 사람들을 이곳에서 다시 만났다. 미국에서 온 수줍은 잭도 만났다. 그는 조금 더 마른 것 같았다. 그의 옆에 여자가 있었다. 처음 카미노를 시작할 땐 혼자여서 쓸쓸해 보였는데, 동행이 생겨서인지 그는 생기 있어 보였다. 아따푸에르카에서 민트차를 만들어주었던 메리앤도 다시 만났다. 그녀는 발을 다친 데다가 침대 모서리에 이마까지 부딪쳐, 다리 부상으로 쉬고 있던 선주와 며칠을 함께 지냈다고 했다. 발이 아직 낫지 않은 메리앤은 레온에서 이틀 동안 머무르며 쉴 예정이라고 했다. 보스꼬와는 헤어졌는지 혼자였다. 그의 소식이 궁금했지만 차마 물어볼 수가 없었다.

오후 4시가 되자 대성당 입장이 시작되어 5유로의 입장료를 내고 들어갔다. 레온대성당은 프랑스식 고딕 양식의 걸작으로, 그 아름다움의 정점에 스테인드글라스가 있었다. 오전엔 비가 내리더니 오후에 반짝 해가 비쳐서 성당 안은 더없이 황홀한 풍경을 연출하고 있었다. 햇살에 비친 스테인드 글라스들은 각기 다른 문양과 색으로 눈이 부셨다.

이제부턴 혼자 걷고 싶어

방에는 30개 정도의 침대가 있는데 서너 명만 배낭을 꾸리거나 쉬고 있을 뿐 모두 저녁을 먹으러 나갔는지 조용했다. 내 이층침대 옆으로 창문이 나 있었는데, 창밖으로 잡담을 나누는 순례자들이 보였다. 연은 내 아래 침대에 누워 조용했다. 자고 있는 걸까. 나에게 섭섭한 걸까. 좀 전에 대성당 앞에서 맥주를 마시며 나는 연에게 말했다.

"내일부턴 혼자 걷고 싶어. 함께 하다 보니 자꾸만 너에게 기대게 되는 것 같아. 혼자 있고 싶어 떠나온 여행이야. 남은 날들은 혼자 걷고, 혼자 알베르게를 알아보고, 혼자 지내고 싶어. 우리 산티아고에서 만나자. 산티아고에서 피니스테라까지는 함께 걷는 거야. 그게 어렵다면 난 25일에 산티아고 아웃이니까 마지막 밤을 함께 보내는 것도 좋아."

조심스럽게 꺼낸 말인데 다행히도 연은 나를 이해해주었다. 20여일 함께 하는 동안 그녀와 많은 것을 공유했다. 그녀는 내가 '걸어 다니는 백과사전'이라는 별명을 붙여줄 정도로 해박한 지식을 가지고 있었다. 가톨릭 신자인 그녀는 길 위에서 늘 기도를 했다. 그녀의 걸음이 종종 뒤처지는 것도 그 때문이었을 것이다. 앞서거니 뒤서거니 했지만 우리는 함께 걸었다. 바람과 햇살 속을, 비가 내리고 먹구름 낀 날들을. 저녁마다 와인을 곁들인 만찬이 이어졌고, 그녀는 나에게 속 깊은 친구가 되어주었다. 그녀가 있어 외롭지 않았다. 하지만 여행은 결국 혼자가 되는 일이다. 나는 좀 더 고독해질 필요가 있었다. 이제부턴 소박한 음식을 먹고, 소박한 잠을 자고, 혼자만의 시공간 속으로 들어갈 것이다.

혼자 걷겠다고 선언하자마자 나를 따라오겠다는 사람이 생겼다. 내 침대 바로 옆, 비행기로 오늘 레온에 도착했다는 중국 아가씨 카일링이었다. 서른세 살이라는 그녀는 카미노가 처음이고, 내일이 카미노 첫날이니 나를 따라가면 안 되겠느냐고 청했다. 마지못해 그러라 하고는 연에게 얘기했더니, 연은 펄쩍 뛰며 차라리 제가 데리고 갈 테니 나에게 혼자 가라고 했다. 나를 배려해주는 마음이 눈물 나도록 고마웠다. 카일링에게 솔직하게 말했다. 미안하지만 내일부턴 혼자 걷기로 했다고. 누군가와 함께 하고 싶다면 내 친구와 함께 걸으면 어떻겠냐며 연을 소개했다. 그녀는 그러겠다고 하더니, 잠시 후 옆 침대의 타이완 아가씨와 동행하기로 했다고 말했다. 다행이다! 나는 나대로 자유로워지고, 연에게도 부담 주지 않게 되었으니. 다음 날부터의 고독한 여정을 위하여 나는 일찍 잠자리에 들었다.

새벽 5시쯤 잠을 깨서 짐을 꾸리다가 배낭 속에서 쪽지 한 장을 발견했다.

이 길에서 내가 받은 최고의 선물은 너였어. 이 말은 나중에 하려 했는데, 어쩌면 못 만날 수도 있을 것 같아 미리 쓴다. 너의 인간됨에 나는 많이 부끄러웠고 나를 돌아보는 기회가 되었어. 내게 부족한 것을 많이 갖고 있는 너를 보는 것만으로도 신선한 충격이었지. 너의 따뜻함, 올곧음, 진솔함, 그리고 순수함은 오래 전에 잊은 것들을 기억나게 했어. 그리고 많이 부끄러웠지. 나는 속죄하러 이 길을 왔고 너는 의미를 찾으러 왔는데, 어쩌면 네 덕에 나도 무언가를 담아갈 수 있을 것 같아. 진작 너를 놓아주었어야 했는데, 네 입으로 말하게 해서 미안하다. 남은 길, 성큼성큼 자유롭게 걸어 원하는 것을 꼭 얻어가길. 기도 중에 기억하마. 사랑한다, 멋진 친구야!

연

ps. 카미노의 반을 너와 함께 해 행복했다.

내가 잠든 사이에 연이 쓴 편지였다. 눈시울이 뜨거워졌다. 그녀는 어젯밤 맥주 한 캔과 제가 먹으려고 산 올리브를 모두 내 배낭에 넣어주었다. 내가 받은 사랑을 다 갚지도 못한 채 나는 그녀를 떠나려 하고 있었다. 그녀가 깰까봐 조용히 이층침대를 내려와 배낭을 안고 욕실로 나왔다. 부스럭거리는 소리에 잠이 깬 그녀가 일어나 나왔다. 우리는 말없이 서로를 부둥켜안았다.

22일차 레온~산 마르틴 델 카미노

Leon ~ San Martin del Camino 26km

이른 아침 레온을 빠져나오는데 어디서 본 듯한 청년이 내 앞에서 걷고 있었다. 며칠 전 만시야의 알베르게에서 만난 한국 청년이었다. 혼자 걷겠다고 선언하자마자 다시 일행이 생긴 것이다.

27살의 동군은 대학을 휴학하고 호주에서 워킹 홀리데이를 하다가 이곳에 왔다고 했다. 자신의 미래에 대해 생각을 정리할 겸 오게 된 카미노에서 한국 친구들을 사귀다보니 혼자 있는 시간이 거의 없었다. 호주로 돌아가 워킹 홀리데이를 계속해야 할지, 한국으로 돌아가야 할지 고민 중이라 했다. 나는 그에게 어학 습득이 목적이라면 길 위에서 가능한 한 외국 친구들과 많이 어울리라고 조언해주었다.

그것은 한두 달 정도의 어학연수를 생각하고 있는 사람들에게 해주고 싶은 말이기도 했다. 카미노는 세계 각지에서 온 사람들을 만날 수 있는 기회이자, 그들의 이야기에 귀를 기울이고, 자신을 표현할 수 있는 좋은 기회이다. 걷는 동안, 또는 걷기를 마치고 휴식을 취하는 동안 순례자들은 함께 식사를 하며, 와인이나 맥주를 마시며 대화를 나눈다. 종교적인 목적으로 순례하는 사람도 있지만, 자신의 삶을 되돌아보기 위해 걷는 사람도 많아 어느 누구보다 진솔한 대화를 할 수 있다. 모리츠의 말처럼 이보다 더 값진 인생학교가 어디 있겠는가. 연령층도 다양해서 삶의 멘토를 만날 수도 있고, 내가 누군가의 멘토가 되어줄 수도 있다. 어쩌면 학교에서 커리큘럼대로 가르치는 어학연수보다 더 귀한 것을 얻는 기회가 될 수 있을 것이다. 게다가 비용도 저렴하다. 두 발로 걷는 여행이니 당연히 교통비는 들지 않는다. 취사가 가능한 알베르게에 머물며 식사를 직접 해결할 수 있다면 하루에 10~20유로의 비용이면 충분하다. 튼튼한 두 다리와 열린 마음만 있으면 산티아고 순례길은 움직이는 랭귀지스쿨이 되는 셈이다.

동군은 이라체 양조장 이야기를 했다. 무심코 그 길을 지나쳤다가 뒤늦게 알고는 4킬로미터나 되는 길을 되돌아와 와인을 받아 마셨다고 했다. 공짜 와인을 마시기 위해 되돌아온 게 아니었다. 세상에 하나밖에 없는 수도꼭지를 만나기 위해 왕복 8킬로미터를 더 걸은 것이었다.

"그렇게 하지 않으면 나중에 후회할 것 같아서요."

때로 무모한 줄 알면서도 밀고 가는 것이 젊음이었다. 길을 잘못 들어 되돌아오는 일이 있어도 부끄러울 것이 없었다. 돌이킬 수 있는 것들을 돌이키기에 그는 충분히 젊었다. 설사 돌이킬 수 없는 일이라 해도 젊기 때문에 누릴 수 있는 특권인 것을.

비르헨 델 카미노에서 함께 커피와 또르띠야로 아침식사를 하고 다시 걷기 시작했는데, 이쯤에서 갈라져야 할 길이 보이지 않았다. 우리가 갈림길을 지나쳐 자동차 길로 들어섰음을 깨달았다. 국도를 피해 비야르 데 마사리페로 가려 했는데 이야기에 몰두하느라 놓친 것 같았다. 길은 때로 뜻하지 않은 방향으로 나를 데려가기도 한다. 내일은 어떤 흥미로운 일이 나를 기다리고 있을까. 낙관적으로 생각하기로 했다. 긍정적인 생각이 긍정적인 결과를 낳는다는 것을 경험으로 깨달았으므로. 젊은 친구와 함께 걷다 보니 내 걸음도 빨라졌다.

어느 집 창가에 놓인 쿠키와 사탕

어느 집 창가에 마음씨 좋은 집 주인이 순례자들을 위해 쿠키와 사탕을 내놓았다. 순례자여권에 세요를 찍을 수 있도록 스탬프도 놓여 있었다. 집 주인의 따뜻한 마음에 쿠키 한 조각을 집어 들었다. 기부금함은 없었다. 순례자에 대한 존경과 배려를 곳곳에서 보았다. 길을 잘못 든 순례자를 보면 멀리서부터 쫓아와 기어이 발걸음을 돌려놓기도 하고, 목이 말라 어느 집 문을 두드리면 물통을 가득 채워주기도 했다. 산티아고 가는 길이 고단하게 느껴지지 않는 것은 나의 한 걸음 한 걸음이 타인으로부터 존중받고 있다는 느낌 덕분이었을 것이다.

　26킬로미터를 걸어 산 마틴 델 카미노라는 곳에 왔다. 동군은 계속 걷겠다고 해서 헤어졌다. 나는 마을 초입에 지은 지 얼마 안 되어 보이는 알베르게로 들어갔다. 차들의 왕래가 많은 길가에 있지만 내부는 깨끗했다.

　샤워 후 주방으로 나오니 파스타 삶는 냄새가 구수했다. 배에서 꼬르륵 소리가 났다. 나는 파스타와 맥주를 시켜 알베르게에서 일하는 세 여자와 함께 늦은 점심을 먹었다. 나이가 지긋한 아주머니는 주방을 맡고, 그보다 조금 젊은 아멜리는 순례자들을 맞이하며 스페인어로 안내하고 있었다. 스물두 살의 쉐이다가 영어를 조금 할 줄 알았다. 내가 물었다.

　"너흰 모두 가족이야?"

　"아멜리는 시어머니이고, 주방 아줌마는 친구의 어머니예요."

　"결혼을 했다구? 남편은 무슨 일을 하는데?"

　"집에 있어요."

　빨래하랴, 청소하랴, 통역하랴, 궂은일은 쉐이다가 도맡아 하는 것 같았다. 자세한 내막은 알 수 없었지만 그녀가 이른 나이에 결혼하여 일방적으로 희생만 하는 건 아닌가 싶어 안쓰러운 마음이 들었다.

　이곳엔 스페인 순례자들만 들어온 듯 거의 모든 사람이 스페인어로 떠들고 있었다. 스페인 사람들은 이야기하기 위해 만나고, 이야기하기 위해 먹는다 할 정도로 모였다 하면 끊임없이 대화를 했다. 웃고 떠들기 위해 카미노를 하는 사람들 같았다. 그들은 운전을 하다가도 아는 사람을 만나면 차를 멈춰 세우고 잡담을 했다. 뒤따라오는 차들이 꼬리를 물고 서서 기다리든 말든.

도무지 알아듣지 못할 언어의 고립무원 속에서 나는 외로웠다. 모든 것이 낯설기만 했다. 연이 보고 싶었다. 영미도, 선주도, 정희 부부도 생각났다. 흰 쌀밥을 해서 얼큰한 고추장찌개에 소주를 마시며 모국어로 실컷 떠들 수 있다면…. 혼자가 되자마자 나는 다시 그들을 그리워하고 있었다.

알베르게 식당에서 여섯 명의 스페인 순례자와 함께 저녁식사를 했다. 그중 내 옆에 앉은 엘리사와 대화를 나누게 되었다.

"영어 하니?"

내가 물었더니 조금 할 줄 안다고 했다. 다행이었다. 그녀는 휴가를 얻어 남편과 함께 카미노를 하고 있는데, 컴퓨터 엔지니어인 그녀의 남편은 알베르게에 도착하자마자 이곳의 컴퓨터 바이러스를 치료해주었다고 한다. 그러잖아도 낮 동안 컴퓨터 앞에 매달려 있는 그를 보고 의아하게 생각했었다.

"남편은 귀가 안 좋아. 잘 듣지 못하고 영어도 못해. 하지만 그는 나를 존중해주는 사람이야. 우린 10년 전에 결혼했는데, 둘 다 재혼이지. 너의 카미노는 어때?"

"난 혼자 왔어. 걷고, 먹고, 자는 단순한 생활이 마음에 들어. 난 불교인인데 카미노는 나에게 걷기명상과도 같아."

"어머, 반가워라. 내가 살고 있는 곳 가까이에 불교사원이 하나 있는데, 종종 그곳을 찾아 스님과 이야기를 나누곤 해. 불교 철학에 관심이 많거든."

테이블 맞은편에 앉아 식사를 하던 엘리사의 남편은 이따금씩 고개를 들어 엘리사를 향해 해맑은 미소를 보냈다. 말하지 않아도 그들의 사랑이 느껴졌다. 남자와 여자가 만나 함께 길을 걷게 되는 인연은 아무에게나 오는

행운은 아닌 것 같았다. 엘리사는 이런 말도 덧붙였다.

"나도 언젠가는 너처럼 혼자서 이 길을 걷고 싶어."

연으로부터 메시지를 받았다. 그녀는 나보다 하루쯤 뒤처져 있었는데, 그녀가 머무는 알베르게에서 웬디를 만났다고 한다. 웬디는 파리에서 바욘으로 가는 기차 안에서 만난 순례자인데, 생장에서 헤어진 이후로 만나지 못해 궁금하던 차였다. 연에 의하면 웬디는 좋은 친구들을 만나 함께 걷고 있었고, 체중이 많이 줄어 있더라고 했다. 연은 다음날 아스토르가까지 웬디와 동행하기로 했다며, 웬디 일행은 산 자비에르 알베르게에서 머물 거라고 했다. 나도 다음날 그곳을 지날 예정이어서 그들을 만나러 그곳으로 가겠다고 했다. 헤어진 연이 웬디를 다시 만나게 하는 가교 역할을 하게 되리라고는 생각지 못한 일이었다.

23일차 산 마르틴 델 카미노~무리아스 데 레치발도
San Martin del Camino ~ Murias de Rechivaldo 28.4km

어둑한 새벽 아무도 없는 길은 적막했다. 오늘 아침 길 위에 첫 발자국을 남긴 사람은 아마도 나였을 것이다. 걷다가 뒤돌아보니 내가 머물렀던 알베르게를 배경으로 하늘의 눈시울이 붉었다. 저 순정한 아침노을과 첫 눈맞춤을 한 사람도 나였으면 했다. 노을을 등지고 찻길 옆으로 걸었다. 일요일이라선지 자동차도 거의 오가지 않았다. 내 발자국 소리와 스틱 소리만 또렷이 들려왔다. 맑고 깨끗한 새벽 공기 속에서 잠들어 있던 감각들이 살아 움직이기 시작했다. 발걸음에도 생기가 되살아났다. 세계가 나를 위해 커튼을 열어주고, 태양은 나를 위해 떠오르는 것 같았다. 나는 주인공이 되어 세상 속으로 뚜벅뚜벅 걸어 들어가고 있었다.

오스피탈 데 오르비고는 독특하고 품격 있는 마을이었다. 특히 마을로 들어가는 다리는 이제껏 지나온 다리 중에서 가장 길고 수려했다. 아무렇게나 박혀 있는 듯한 돌멩이들은 자연스러웠고 튼튼해보였다. 모난 데 하나 없이 둥글둥글 반질반질해진 돌다리에서 시간의 깊이가 느껴졌다. 다리 아래에서 한 남자가 오르비고 강에 낚싯대를 드리운 채 서 있었다. 다리 위에 서서 종일 강을 내려다보고만 있어도 좋을 것 같았다. 이렇게 아름다운 다리를 가진 마을이 있다는 것을 알았더라면 어제 7킬로미터를 더 걸어 이곳에서 머물렀을 텐데. 천 년이 지나도 끄떡하지 않을 견고하고 아름다운 다리를 갖고 싶었다.

이른 시각인데도 바가 열려 있었다. 빵 굽는 냄새에 이끌려 들어갔다. 초코케이크, 호두케이크, 파운드케이크…. 갓 구워낸 케이크들이 먹음직스럽게 진열되어 있었다. 이런 케이크를 구워내는 사람의 손은 어떻게 생겼

을까 궁금했다. 케이크를 구경하고 있을 때 주인남자가 따뜻한 또르띠야를
들고 나왔다. 나는 크고 하얀 그의 손을 바라보다가 그가 들고 나온 또르띠
야와 카페콘레체를 주문했다. 기다리는 동안 케이크 사진을 찍고 있으려니
주인이 방금 오븐에서 꺼낸 둥근 케이크를 들고 나와서 보여주었다. 오감
을 만족시키는 아침이었다.

포플러나무의 기도

이른 아침 들길은 달팽이들의 세상이었다. 어쩌면 이 길을 걷는 순례자
들의 숫자보다 달팽이의 수가 많을지도 모른다. 서두르지 말고 천천히 걸

으라는 듯, 들길 한가운데에 나와 순례의 행렬을 잇고 있었다. 달팽이를 밟지 않으려고 조심하며 걷는데, 갑자기 발밑에서 딱딱한 것이 부서지는 소리와 함께 물컹한 느낌이 전해졌다. 내가 그만 작은 생명을 해치고 만 것이다. 미안하다, 달팽이야! 다음에는 짓밟지도, 짓밟히지도 않는 생명으로 태어나라.

갈림길이 나왔다. 대부분의 사람들은 찻길 옆으로 난 지름길을 택했다. 어젯밤 같은 방에서 묵은 파울로 코엘료를 닮은 스페인 남자를 만났다. 앞으로 그를 코엘료 씨라고 부르기로 한다. 그는 다른 길로 가면 훨씬 더 돌아가야 한다며 고개를 절레절레 흔들었지만, 난 이 길로 가겠다고 고집했다. 걷다 보니 정말 아무도 없었다. 다른 사람들을 따라갈 걸 그랬나, 잠시 후회하는 마음이 들었다. 그러나 그에 대한 보상인 듯 지나는 마을마다 아기자기한 풍경들이 펼쳐졌다.

포플러나무 숲을 지날 때였다. 바람이 불고 있었다. 가던 길을 멈춰 섰다. 눈을 감고 바람소리에 귀를 기울였다. 바람이 나뭇잎을 뒤집는 소리가 영락없는 빗소리였다. 수천수만의 이파리들이 일제히 하늘을 향해 화살표를 만들고 있었다. 그것은 하늘을 향한 나무들의 간절한 기도였다. 이파리들의 통성기도였다. 나도 마음의 화살표 하나를 쏘아 올렸다.

느린 걸음으로 걷는 여성 순례자가 있었다. "부엔 카미노!" 하며 그녀를 지나쳐 걸었다. 조금 더 걷다 보니 순례자 동상이 서 있었다. 잠시 쉬어가려고 그 앞에서 멈추었다. 그리고는 배낭에서 사과 한 알을 꺼내 베어 먹으며 순례자 동상을 찬찬히 살펴보았다. 동양적인 얼굴을 가진 동상이었다. 그때 조금 전 만났던 여자가 올라왔다.

"사진 찍어줄까?"

우리는 동상 앞에서 서로의 사진을 찍어주었다. 내가 그녀에게 말했다.

"이 동상이 부처를 닮은 것 같지 않아?"

"맞아. 나도 같은 생각을 하고 있었어."

우리는 서로를 소개했다. 그녀는 미국에서 온 바바라이고, 대학에서 매스커뮤니케이션을 가르친다고 했다. 몇 년 전 인공고관절(artificial hip) 수술을 해서 걷는 게 달팽이처럼 느리다고 했다.

"나는 20년 전 미국인 모녀가 쓴 산티아고 순례기를 읽고 카미노를 꿈꾸어왔어. 그러다 '지금이 바로 그때'라고 생각해서 불편한 몸을 이끌고 이곳에 오게 되었지. 어젯밤엔 간판에 달팽이가 그려진 오스피탈 데 오르비오의 알베르게에서 머무르며 채식으로 된 식사를 하고 평온한 저녁을 보냈지. 새소리와 바람소리를 듣고, 물결치는 초록 밀밭을 바라보며 느리게 걷고 있는 이 순간이 나는 얼마나 행복한지 몰라."

바바라는 보랏빛 라벤더 꽃을 꺾어 나에게 보여주었다. 은은한 향기가 코끝에 와 닿았다. 라벤더 꽃이 지천인 들판을 걸어왔는데도 나는 그것이 라벤더인 줄도 모르고 있었다. 밤이면 자주 잠을 깬다는 나에게 그녀가 말했다.

"라벤더를 베개 밑에 두고 자면 불면증에 도움이 될 거야."

어쩌면 나는 '지금이 바로 그때'인 순간을 살고 있는지도 모른다. 내가 라벤더 꽃길을 지나오면서도 그것이 라벤더라는 것을 몰랐듯이 깨닫지 못하고 있을 뿐이다. 내가 지금 생의 가장 아름다운 순간을 지나고 있음을 바바라가 깨닫게 해주었다. 그녀는 자기와 함께 걸으면 종일 걸어야 할지도 모른다며 먼저 가라고 내 등을 떠밀었다.

내 친구들은 어디에?

아스토르가에 당도했다. 이곳에서 친구들을 만날 생각을 하니 가슴이 설렜다. 시청 광장 주변은 레스토랑과 바가 즐비했고, 순례자와 관광객들로 북적거렸다. 혹시 언이나 웬디가 있을까 해서 한 바퀴 둘러보았으나 아는 얼굴은 보이지 않았다. 매시간 인형들이 나와 종을 친다는 시계탑도 눈에 들어오지 않았다. 연은 한국인 자원봉사자가 있는 알베르게로 간다고 했는데 그곳이 어딘지 알 수 없었다. 사람들에게 물어물어 웬디가 예약했다는 알베르게로 찾아갔다. 길에서 몇 번 본 적 있는 타이완 아가씨가 막 도착해 체크인을 하고 있었다. 그녀도 연을 보지 못했다고 했다. 예약 장부에는 웬디의 이름이 적혀 있었고, 배낭도 먼저 와 있었으나 사람들은 아직 도착하지 않았다. 오후 1시가 다 된 시간이었다. 나는 그들을 잠깐 만나고 다음 마을까지 갈 생각이었다.

어디서 점심이라도 먹고 있는 걸까. 순례자 밀집지역인 가우디 건물과 대성당 근처를 서성거렸으나 그곳에도 그들은 없었다. 성당 앞 카페에서 샌드위치와 오렌지주스로 점심을 먹으면서도 눈은 줄곧 창밖을 향하고 있었다. 친구가 없는 도시는 사막 같았다. 대성당도 가우디건물도 큰 의미로 다가오지 않았다. 와이파이가 되는 곳에서 연에게 메시지를 보냈으나 답이 없었다. 꼭 만나기로 약속한 것도 아니어서 그들을 마냥 기다리고 있을 수만은 없었다. 결국 나는 아무도 만나지 못한 채 쓸쓸한 심정으로 그곳을 떠났다. 친구를 만나러 갔는데 아무도 없어 공터의 햇살만 발로 툭툭 치며 풀죽어 돌아오던 어린 날이 떠올랐다.

엉덩이춤을 추는 마리아

유난히 멀게 느껴지는 길이 있다. 친구를 만나지 못해서였을까. 무리아스 데 레치발도로 가는 길이 그랬다. 혹시 화살표를 놓친 건 아닐까 조바심하

며 몇 번이나 지도와 안내서를 꺼내서 확인했다. 한 발자국도 걸을 수 없을 만큼 녹초가 되어서야 작고 조용한 마을에 닿았다.

마을 초입에 있는 바의 여주인은 알베르게의 위치를 묻는 내 손을 잡고 가게 밖으로 나와 친절하고 소상하게 길을 일러주었다. 나는 공립알베르게로 가지 않고 카사 플로르라는 호스텔로 갔다. 욕실이 딸린 4인실인데, 한 사람당 10유로였다. 오늘은 많이 걸어 고단하기도 했고, 내일부터는 오르막이 시작될 테니 푹 쉬어두어야 했다.

방에는 나보다 먼저 온 사람이 있었다. 벨기에에서 온 마리아라고 했다. 그녀는 지난해에도 카미노를 했고, 이번엔 로그로뇨에서 시작했다고 한다. 92세가 된 어머니를 모시고 사는데, 카미노가 그녀에겐 유일한 휴가라고 했다. 둘은 이 방에 더 이상의 손님이 들지 않기를 바랐다. 바람대로 더이상 순례자는 오지 않았고, 둘이서만 큰 방을 쓸 수 있게 되었다. 마리아는 운 좋은 날이라며 엉덩이춤을 추었다. 사랑스러운 마리아. 그녀는 내일아침 내가 먼저 일어나도 방해되지 않을 테니 불 켜고 짐을 싸도 된다고 했다. 너그러운 마리아. 그러나 행운은 거기까지였다. 저녁 10시. 숙소의 창 밖으로 저녁노을이 번지고, 그녀의 코 고는 소리가 점점 커지고 있었다. 속수무책 마리아.

괜찮아, 이곳은 안전해

저녁을 먹으러 나오다가 공립알베르게 앞에서 두 명의 한국 여자를 만났다. 그들도 혼자 왔다가 길 위에서 만나 동행이 되었다고 했다. 어딜 가든 한국 여자만큼 독립적이고 용감한 여자도 없는 것 같았다. 마을 초입에서 나에게 길을 알려주었던 바에 가니 여주인은 홀을 청소하고 있었다.

"파스타를 먹을 수 있을까?"

"미안해. 우린 영업이 끝났어. 대신 친구네 레스토랑을 소개해줄게. 내가 보냈다고 말하면 세상에서 가장 맛있는 파스타를 만들어줄 거야."

그녀의 허풍과 호의가 나를 즐겁게 했다.

그녀가 일러준 대로 찾아간 식당은 7시부터 저녁식사가 시작된다고 했다. 야외 테이블에 자리를 잡고 맥주 한 잔을 시켰다. 근처 놀이터에서 아이들의 뛰노는 소리와 웃음소리가 들렸다. 어디선가 음악소리와 박수소리도 났다. 파티 중인가 보았다.

이 저녁의 들뜬 소란스러움이 좋았다. 그들은 거기 있고, 나는 여기 있었다. 이곳은 안전했다. 내가 무엇을 먹든, 무슨 짓을 하든 참견하는 사람이 없었다. 입술에 침 바른 아부도 없고, 침 튀기는 독설도 없었다. 다리를 쩍 벌리고 앉은 거만한 고객도 없었고, 억지주장으로 나를 힘들게 하는 사람도 없었다. 승자도 패자도 없는 시공간 속에 나는 들어와 있었다. 저녁식사를 기다리며 맥주를 마시고 일기를 쓰는 이 저녁의 휴식이 정말 마음에 들었다. 나를 괴롭히는 것들은 이곳에 존재하지 않았다. 아까부터 내 주위를 윙윙대는 한 마리 벌 외에는.

SANTIAGO
249 km.

24일차 무리아스 데 레치발도~폰세바돈

Murias de Rechivaldo ~ Foncebadon 21km

이른 아침 혼자 걷고 있는 순례자를 만났다. 수염을 덥수룩하게 기르고 있어서 처음엔 일본인인 줄 알았는데 한국인이었다. 그에게서 성직자의 분위기가 풍겨서 물었더니 아니라고 했다.

"그럼 교수님이신가요?"

"그건 아실 것 없고요."

그와 나 사이에 섬 하나가 솟아오르며 나는 머쓱해졌다. 외국인 순례자들은 자기 신분을 밝히는 것에 솔직한데 비해 내가 만난 몇몇 한국 남자는 그렇지 않았다. 굳이 자신을 드러내고 싶지 않다 하더라도 그런 식으로 상대의 말을 잘라버리는 것은 무례한 일이었다. 결국 그는 안식년을 맞이해 오게 되었다며 교수라는 신분을 스스로 털어놓았다. 주로 그가 말을 하고 나는 듣기만 했는데, 권위 의식을 자주 드러내 보이는 그가 왠지 불편했다.

그는 무엇 때문에 이 길을 걷고 있는 걸까. 자신을 앞세우면 편안할까. 나또한 나를 앞세우느라 누군가와 건너지 못할 섬을 만들진 않았을까. 그리하여 관계를 단절시키는 원인제공을 하지는 않았을까. 어쩌면 그도 나도

소통에 미숙한 사람들인지도 모른다는 생각이 들었다. 다음 마을의 바에 들러 함께 아침식사를 하고는 그를 먼저 떠나보냈다. 그 후로 그를 다시 만나지 않은 건 신의 배려였을 것이다.

그림자와 함께 걷는 길

라바날을 지나 폰세바돈으로 가는 길은 고난의 길이었다. 메세타 평원이 끝나고 오르막이 계속되기 때문이었다. 앞서거나 뒤서거니 하던 마리아도 언제부턴가 보이지 않았다. 갈수록 낯선 얼굴이었고, 영어가 통하지 않는 스페인 순례자들뿐이었다. 나는 그림자와 함께 걸었다.

산티아고 가는 길에는 프랑스길, 포르투갈길, 북쪽길, 은의길 등 여러 갈래 길이 있다. 그 중 프랑스길, 일명 야고보길을 걷고 있는 나는 스페인의 동쪽에서 서쪽을 향해 걷기 때문에 늘 해를 등지고 걸었다. 이른 아침 출발하면 등 뒤로 아침노을이 붉게 펼쳐지고, 해가 비치기 시작하면 긴 그림자가 앞에서 나를 이끌고 갔다. 갈수록 그림자는 짧아지다가 한낮이 되면 보이지 않는 곳으로 숨었다. 그러다 언제 나왔는지 그림자는 내 뒤에 바짝 따라 붙어 있었다. 지쳐서 한 걸음도 더 걸을 수 없을 때면 뒤에서 나를 밀어 주었다. 더 걸으라고. 조금만 더 가라고.

조물주가 인간을 직립보행으로 만든 데에는 이유가 있겠으나 나에게 있어 발은 제2의 머리였다. 나는 걸으며 머리가 아닌 발로 생각했다. 따라서 발은 내 생각의 그림자였다. 그림자의 길이만큼 생각도 길어졌다 짧아졌다 했다.

폰세바돈으로 가는 길에 하트 모양의 납작한 조약돌 하나를 주웠다. 내일 폰세바돈 언덕의 철 십자가상 앞에 놓을 돌멩이였다. 돌멩이 한 면에는 '직관'이라 쓰고 뒤쪽에는 '통찰'이라고 썼다. 생의 봄과 여름을 지나오며 나는 수없이 많은 시행착오를 겪었다. 대부분 어리석음에서 빚어진 일이었다. 그것이 오히려 나를 돌아보고 성찰하게 한 힘이었을 것이나, 좀 더 지혜로운 사람이 되고 싶었다. 나에게 삶을 꿰뚫어보는 힘이 있다면, 남은 계절은 좀 더 현명하게 살 수 있을 것 같았다. 나는 소망을 적은 돌멩이를 철 십자가상 아래 깊숙이, 아무도 보지 못하는 곳에 내려놓을 것이다.

바디랭귀지도 안 통할 땐 어떡하지?

철 십자가상을 2킬로미터 앞둔 폰세바돈 마을에서 멈추었다. 해발 1,400 미터가 넘는 산속이라 바람이 불고 추웠다. 어쩌다보니 코엘료 씨와 같은 숙소, 같은 방에 머물게 되었다. 그와 나는 길 위에서나 숙소에서 자주 만나지만 그는 영어를 못하고, 나는 스페인어를 못해서 서로 눈인사만 나누는 사이였다. 그가 샤워실에서 나오더니 샤워 준비를 하고 있던 나에게 스페인어로 무슨 말인가를 했다. 내가 어깨를 으쓱하며 무슨 뜻인지 모르겠다는 표정을 짓자 나를 샤워실로 데려가더니 같은 말을 반복했다. 욕실에 문제가 있다면 온수가 안 나오거나 배수구가 막혀 물이 내려가지 않거나 둘 중 하나일 것이었다. 온수를 틀었는데 문제없다. 어쩌라는 거지? 샤워를 해보면 알겠지 싶어 그를 돌려보내고 샤워를 했다. 뜨거운 물은 콸콸 쏟아졌고, 배수도 문제가 없었다. 다만 샤워실엔 문 대신 비닐 커튼만 쳐져 있어, 누군가 갑자기 커튼을 열어젖히기라도 한다면 당혹스러운 일이 벌어질 수도 있는 상황이었다. 그가 걱정했던 게 이것이었을까. 다행히도 염려했던 일은 일어나지 않았다. 그가 전하고자 했던 말이 무엇인지는 모르지만 나를 걱정해주는 마음만은 따듯하게 와 닿았다.

좀 더 미친 짓을 해야 했어

이곳의 주인은 불손했다. 체크인을 할 때 와이파이가 되느냐 물었더니 안된다고, 이 마을은 와이파이가 되는 곳이 아무데도 없다면서, 순례자들은 와이파이 따윈 잊고 서로 대화를 해야 한다고 목소리를 높였다. 틀린 말은 아니지만 무례한 대답이었다. 거기까진 좋다. 바에서 책을 읽다가 한기가 들어 와인 한 잔을 시켰다. 그는 알았다 하고는 30분이 지나도록 갖다 주지 않았다. 바빠서 그러려니 하면서도 기분이 좋지 않았다. 나는 춥고, 졸리고, 마음이 상해서 2층 방으로 올라왔다. 침낭 속으로 들어와 발끝부터 머리끝까지 지퍼를 채웠다. 고치 속으로 들어온 것처럼 아늑했다. 이 안에 있으면 누구와 아는 척하지 않아도 되고, 코엘료 씨와 알아듣지 못하는 말을 주고받을 필요도 없을 것이었다. 연이 그리웠다. 그녀는 라바날까지 걸을 거라고 카톡을 보내왔다. 나보다 하루쯤 뒤처진 것 같았다. 하루를 기다렸다가 그녀와 함께 걸을까 하는 생각도 했다.

낮에 알베르게의 야외 테이블에 앉아 가게에서 사온 맥주와 빵, 연이 준 올리브로 점심을 먹고 있을 때 로리와 에드워드 부부가 올라오고 있었다. 반가운 마음에 달려가 손을 잡았다. 그들은 나를 따듯하게 안아주며 내가 머무는 알베르게는 어떠냐 물었다.

"그저 그래. 하지만 너희가 이곳에 묵는다면 멋진 곳이 될 거야."

"우린 이미 다른 호스텔에 예약을 했어. 괜찮다면 우리 있는 곳으로 와서 함께 저녁을 먹자."

나는 그러겠다고 대답했으나 결국 가지 않았다. 어쩌면 이곳의 주인은 로리와 내가 하는 대화를 들었는지도 모른다. 그의 가게가 아닌 다른 가게에서 먹을 걸 사들고 오는 내가 곱게 보이지 않았을 수도 있다. 그래도 그렇지. 나는 이렇게 불친절한 곳에서 저녁을 먹지 않겠다고 마음먹었다.

1층 바에서 『베로니카, 죽기로 결심하다』 한국어 번역판을 발견했다. 한국인 순례자가 읽다가 놓고 간 것 같았다. 마침 잘됐다. 오늘은 기분도 가라앉아 있으니 책을 읽기로 하자. 바에서 조금 읽다가, 침대로 가져와 읽었다.

미쳤다는 건 자신의 생각을 다른 사람들에게 전달할 수 없는 상태를 말해. 마치 네가 낯선 나라에 와 있는 것처럼 말이지. 너는 모든 것을 보고, 네 주위에서 일어나는 모든 일을 인식하지만 너 자신을 설명할 수도 도움을 구할 수도 없어. 그 나라의 말을 이해하지 못하니까.

이 문장들은 딱 지금의 내 상태를 말하는 것 같았다. 책장을 덮고 남은 빵으로 저녁을 때우려고 바에 내려갔다. 호주의 사비나와 캐나다의 테리가 와 있었다. 사비나는 다리에 물집이 생겼다며 절뚝거리고 있었다. 주인에게 아까 주문한 와인 한 잔을 상기시켰더니 깜빡 잊었다며 잠깐만 기다려 달라고 했다.

"그러지 말고 우리가 와인 한 병을 주문했으니 함께 마시자."

테리가 나를 그들 테이블로 초대해주었다. 나는 함께 먹으려고 체리를 샀다. LA에서 온 잭과 리처드가 함께 했고, 영어를 전혀 못하는 독일인이 합류했다. 우리는 그동안 걸어온 여정에 대해 이야기를 나누었다. 함께 와인을 마시며 대화를 하자 몸이 따뜻해지면서 우울한 기분이 조금 풀렸다. 7시가 가까워오자 주인은 식탁을 차리기 시작했다. 모두들 이곳에서 저녁식사를 예약했다고 한다. 나는 읽던 책을 마저 읽어야겠다며 그들과 헤어져 방으로 돌아왔다.

18개의 침대가 있는 방은 텅 비어 있었다. 베란다 창밖으로 블라인드가 바람에 흔들리며 빛을 산란시키고 있었다. 블라인드가 움직일 때마다 밝았다, 어두웠다, 흔들렸다, 고요했다…. 수없이 변화하는 표정을 보여주고 있었다. 문을 열고 블라인드를 고정시킬까 하다가 그냥 두었다. 창밖으로 빨랫줄에 걸린 빨래들이 미친 듯이 바람에 나부끼고 있었다. 이곳으로 오는 길에 보았던 말이 생각났다. 묶인 줄을 풀고 달아나려는 듯 말은 저 혼자 폴짝폴짝 날뛰고 있었다.

아래층에서 음식 냄새가 계단을 타고 올라왔다. 접시를 달그락거리는 소리, 사람들의 웃음소리…. 식사를 하지 않는 사람들은 어느 바에 앉아 술잔을 기울이거나, 마을을 산책하고, 나무의자에 앉아 산 풍경을 감상하고 있을 것이었다. 나는 그 어디에도 속해있지 않았다. 낯선 언어로 떠드는 사람들로부터 스스로를 격리시킨 채 내 영혼은 바람에 나부끼는 빨래와 함께 너울거리고 있었다.

침대 좀 바꿔줄 수 없을까요?

한 외국인 남자가 내 침대 옆으로 다가와 말을 걸었다.

"영어 할 줄 알아요?"

"무슨 일인데요?"

"정말 죄송한데요. 침대 좀 바꿔줄 수 없을까요? 난 이층침대를 배정받았는데 허리에 문제가 있어서 이층으로 올라가기가 힘들어서 그래요."

이층침대를 좋아하는 사람은 거의 없었다. 삐거덕거리는 사다리를 타고 오르락내리락 해야 하고, 잘못하면 자다가 굴러 떨어질 위험도 있기 때문이다. 일찍 도착한 순례자들에게는 아래층 침대를 먼저 차지할 수 있는 우선권이 주어졌다. 따라서 이층침대를 아래층 침대로 바꿔달라는 부탁은 여간해신 하지 않았다. 그것도 여자인 나에게 부탁하다니 예의에 어긋난다는 생각이 들었지만, 허리가 아파서라는데 거절할 방도가 없었다. 기왕 바꿔주는 것 흔쾌히 승낙하자, 그는 거듭거듭 고맙다고 말했다.

옮기고 보니 구석에 있는 이층침대가 더 밝고 아늑했다. 늦은 밤까지 책을 읽는 데도 지장이 없어보였다. 침대를 바꾸고 나서 짐정리 하는 그를 내려다보니 키가 크고 덩치가 무척 큰 사람이었다. 그는 침대가 무너질지도 모른다는 두려움 때문에 나에게 어려운 부탁을 했는지도 모른다는 생각이 들었다.

25일차 폰세바돈~폰페라다
Foncebadon ~ Ponferrada 28km

세상에서 가장 무거운 십자가

사람들은 대부분 알베르게에서 아침식사를 하는 것 같았지만, 나는 뒤끝이 있는 사람. 끝내 그곳에서 식사를 하지 않고 떠났다. 가파른 언덕을 2킬로미터쯤 올랐을 때 해발 1,500미터 산 위에 크루스 데 페로(Cruz de Ferro), 철 십자가상이 보였다.

철 십자가는 5미터쯤 되는 나무기둥 위에 박혀 있었다. 명성만큼 크진 않았으나 나무기둥 둘레에 작은 돌멩이들이 쌓여 거대한 돌탑을 이루고 있었다. 이곳을 찾아온 순례자들이 고향에서 가져온 돌을 올려놓아 탑이 된 곳이었다. 그 위에는 소망을 쓴 쪽지나 가족사진이 올려져 있기도 했다. 나에게는 세상에서 가장 무거운 십자가상으로 보였다. 세계 곳곳에서 온 순례자들의 소망과 근심을 떠안고 천 년 동안 서 있었으니 그러지 않겠는가. 골고다 언덕의 십자가에 가시면류관을 쓰고 피 흘리며 고통 속에 매달려 있던 그분도 많이 무거우셨을 거라는 생각이 들었다.

한 여성 순례자가 돌탑 위 십자가상 아래에 서서 기도를 하고 있었다. 나도 준비해온 돌을 올려놓고 그 앞에 서서 눈을 감았다. 20여일 넘게 터벅거리며 걸어온 길이 떠올랐다. 춤추는 밀밭과 키 작은 포도밭, 바람을 거슬러 흐르던 수로가 슬라이드처럼 지나갔다. 고독하고 쓸쓸하고 아름다운 길이었다. 내가 무사히 이곳까지 오게 된 데 대해 감사의 기도를 했다. 가족과 친구들, 그리고 나의 소망을 담은 기도도 빠뜨리지 않았다. 그러나 배낭에 매달고 다니던 위시백은 내려놓지 않았다. 그것은 이 여행이 끝날 때까지 나와 함께할 것이기 때문이었다. 바다가 보이는 세상의 끝에 당도하면 이 위시백을 태울 것이다. 내 소중한 이들의 소망이 세상의 끝에 닿고, 바다에 닿고, 하늘에 닿을 수 있도록.

생명이 있는 것은 다 슬프다

프리지아를 닮은 꽃들이 산을 노랗게 물들이고 보라색 라벤더가 산길을 뒤덮고 있었다. 갑자기 딸랑딸랑 방울소리가 들리더니 산 아래쪽에서 뭉게구름처럼 올라오는 것들이 있었다. 양 떼였다. 그들은 산길을 점령하며 올라오고 있었다. 순례자들은 꼼짝없이 양 떼에 포위된 채 그 자리에 멈춰 서야 했다. 양들은 사람들을 아랑곳하지 않고 라벤더를 뜯고 풀을 뜯었다. 나는 오물거리는 작은 입들을 바라보다가 고개를 끄덕이며 올라오는 어린 양과 눈이 마주쳤다. 어린 양은 나를 뚫어져라 쳐다보았다. 그 눈에서 연민이 느껴졌다. '연민은 생명이 가려고 하는 것에 대한 설명이 없는 아픔'이라고 소설가 박경리는 말했다. 그 녀석도 내 눈에서 두 발 짐승의 비애를 읽은

걸까. 어린 양은 털이 보숭보숭한 제
몸으로 내 다리를 부비며 지나갔다.
양들이 싸놓은 똥 무더기들이 산길 여
기저기에 흩어져 있었다. 라벤더 향기
와 짐승의 똥 냄새, 순례자들의 땀 냄
새가 뒤섞이고 있었다.

아름다운 곳에 온 걸 환영해

산자락을 돌아서자 느닷없이 마을이 보였다. 1,400미터 산꼭대기에 우뚝 올라선 작은 마을이었다. 군데군데 폐허가 된 집들 사이로 멀리 설산이 보였고, 구름이 내려와 있었다. 구름을 밟고 걸었다. 템플기사단 깃발들이 휘날리는 곳에 알베르게가 있었다.

"세상에서 가장 아름다운 곳에 온 것을 환영해!"

영화 「가을의 전설」의 브래드 피트를 떠오르게 하는 청년이 입구에 앉아 있다가 나를 보고 말했다.

나는 하마터면 이렇게 말할 뻔했다.

"이곳이 아름다운 건 네가 있어서야."

테이블 위에는 아침식사 대신 커피와 차, 비스킷 등이 놓여 있었고, 그 옆에는 기부금함이 있었다. 나는 두 시간여를 걸었고, 아침을 먹지 못해 몹시 시장하던 참이었다. 따뜻한 커피에 우유를 넣고 비스킷 세 조각을 집어 들었다. 그리고 약간의 돈을 기부했다. 이 길을 지나던 순례자가 다 쓰러져가는 집을 개조하여 만든 알베르게라고 했다. 이곳 어디에 몸을 누일 곳이 있을까 싶을 만큼 누추했지만 끌리는 곳이었다. 어디선가 '아베마리아'가 흘러나오고 있었다. 신비로운 이곳의 분위기와 잘 어울리는 노래였다. 청년

은 어디론가 가고 보이지 않았다. 나는 청년이 앉아 있던 나무의자에 앉았다. 아직 온기가 남아 있었다. 그곳에서 커피와 비스킷을 먹으며 노래를 들었다. 폐허가 된 집들과 산중턱까지 내려온 구름, 벌거벗은 나무들, 그리고 아름다운 청년과 더불어 지구상에 존재하지 않는 곳 같았다. 노래가 끝나고 같은 곡이 시작될 무렵 나는 그곳을 떠났다. 만하린.

체리나무를 키우며 살까

몰리나세까로 가는 길에는 유난히 체리나무가 눈에 많이 띄었다. 붉은 체리들을 탱글탱글 매단 나무들이 가지가 찢어질 듯 늘어 서 있었다. 손만 뻗으면 닿을 거리에 있어서 간혹 손을 뻗어 체리를 따 먹는 순례자도 있었다. 나는 차마 그렇게는 못하고 노상 트럭에서 팔고 있는 체리 한 봉지를 샀다. 한국에서라면 만 원어치는 될 만큼의 체리가 겨우 1유로였다. 체리 알을 입에 물고 씨앗을 뱉으면서 걷는 길은 촉촉하고 달콤했다. 갈증과 허기를 달래주기에 충분한 과일이었다.

몰리나세까는 하룻밤 쉬어가고 싶을 정도로 아름다운 마을이었다. 버려진 집들도 이따금씩 눈에 띄었다. 이곳 어디쯤에 버려진 집을 사서 살고 싶

다는 생각이 들었다. 집 마당에는 체리나무를 두세 그루쯤 심고 키워, 체리가 익어갈 무렵이면 수확한 체리를 바구니 가득 담아 순례자들이 지나는 길목에 놓아두고 목을 축이게 해도 좋겠다. 체리를 몹시도 좋아하는 친구에게 메시지를 보냈다.

'오늘은 붉은 체리가 주렁주렁 매달린 체리나무들을 보았어. 네 생각나더라. 버려진 집들이 많던데 우리 나중에 스페인 와서 살까.'

현희와 지윤

폰페라다 알베르게에서 한국 여대생 현희를 만났다. 대학에서 철학을 공부하다가 휴학 중이라고 했다. 그녀에게 남은 스파게티 면이 있다고 해서 함께 스파게티를 해먹기로 했다. 슈퍼마켓에 들러 와인과 샐러드 재료를 사가지고 돌아오니 지윤이라는 한국 아가씨도 와 있었다. 아일랜드에서 공부하다 이곳에 오게 되었다는 서른세 살의 아가씨였다. 그러잖아도 둘이 먹기엔 샐러드가 너무 많다고 생각하던 참이었다. 스파게티를 삶고 소스를 만들어 샐러드와 와인으로 저녁식사를 했다. 지윤은 엊그제 동군이 만났다는 누나들 중 한 명이었다. 그녀는 길 위에서 연을 만났다고 했다. 알고 보니 현희는 서울에서 나와 매우 가까운 곳에 살고 있었다. 만남과 헤어짐을

반복하면서 씨실과 날실처럼 엮이는 사람들. 우리는 더 이상 남이 아닌 사람이 되어가고 있었다. 셋은 늦도록 모국어로 대화하며 즐거운 저녁을 보냈다. 현희는 알베르게 앞 벤치에 앉아 기타를 치며 자작곡을 불렀다. "나쁜 놈, 나쁜 놈" 하는 가사가 재미있었다.

26일차 폰페라다~비야프랑카 델 비에르소
Ponferrada ~ Villafranca del Bierzo 23km

겨우 오전 열 시를 넘겼을 뿐인데 대지는 태양의 열기로 뜨겁게 달아올랐다. 걸음은 자꾸만 처졌고, 한 걸음 한 걸음 발을 내딛는 일이 아득했다. 많은 사람들이 나를 앞질러갔다. 두 개의 갈림길이 나왔다. 나는 마을을 통과해 돌아가는 길 대신에 지름길인 찻길을 택했다. 허기와 갈증으로 지쳐있었기 때문이다.

결국 언덕 위 나무그늘 아래에 주저앉고 말았다. 배낭을 뒤졌더니 다행히도 현희가 준 비스킷 한 봉지와 물이 남아 있었다. 일본인 다나카 씨가 지나가다가 나를 보더니 멈춰 섰다. 나를 도와주려나보다 하고 생각했다. 그랬더니 웬걸. 자기 배낭에서 물병 좀 꺼내달라고 하는 것이었다. 간신히 몸을 일으켜 물병을 꺼내주고, 그가 물을 마시길 기다렸다가 다시 제자리에 꽂아주자 고맙다는 말만 하고는 매정하게 떠나버렸다. 쳇, 한마디 해주면 안 되나? 거의 다 왔어. 조금만 더 걸으면 돼. 힘 내. 넌 잘하고 있어. 외국인 순례자들은 냉정하다. 좀처럼 이런 말을 해주지 않는다. 며칠째 앞서거니 뒤서거니 하는 독일 모녀를 오늘 아침 만났을 때, 내가 온몸이 쑤시고 다리가 아프다고 하자 말했다.

"그럼 하루 쉬어가."

내가 바라는 건 문제해결을 위한 답이 아니었다. 내가 원하는 건 위로와 격려의 말 한마디인데, 힘내라고 해주는 사람이 아무도 없었다.

여기까지라고, 더 이상은 나아갈 수 없다고 생각되는 날들이 있었다. 그래서였을까. 몇 번의

호흡곤란 증세를 겪었다. 공기통 하나 달랑 멘 채 바다 한가운데로 던져진 날처럼 공포감이 몰려왔다. 짧은 시간이었지만 두려움과 불안감으로 죽을 것만 같았다.

"불안의 건너편에 무엇이 있는지 안다면 여기서 도망치지는 말게."

어느 의학 드라마에서 살아날 가망이 없는 아이를 수술할 수 없다는 의사에게 치프가 해준 말이었다.

생장에서 산티아고까지 800킬로미터. 그 여정의 4분의 3을 마치고 200킬로미터를 앞두고 있었다. 그 사이에 나는 한 생을 살아낸 사람처럼 늙어버린 것 같았다. 봄, 여름, 가을을 지나 겨울의 길목에 서 있는 사람처럼 지치고, 외롭고, 쓸쓸했다. 목적지에 다가갈수록 마음이 가라앉았다. 산티아고에 다가갈수록 나는 스스로에게 다가가고 있기는커녕 점점 더 멀어지는 것 같았다. 산티아고에 가면 무엇이 있을까. 피니스테라에 가면 무엇이 나를 기다리고 있을까. 아무것도 없다면? 그땐 어떡하지? 600킬로미터를 걸어왔어도 결국은 나 혼자가 아닌가.

어쩌면 우리는 삶의 종점에 아무것도 없음을 확인하기 위해 나아가고 있는지도 모른다. 그래서 지금, 바로 여기의 하루가 그렇게도 소중한 것이다. 설사 내가 이 길을 끝까지 걷지 못하고 쓰러진다 해도 멈추지 않고 걸어내야 한다. 오늘 하루 최선을 다하지 못한 사람이 어떻게 내일을 기다릴 수 있겠는가. 네가 스스로 원해서 걷는 길이잖아. 도대체 사람들한테서 뭘 바라는 거야? 네가 알아서 힘들면 쉬고, 괜찮으면 걸어. 길이 나에게 말하고 있었다. 나는 두 손으로 스틱을 붙잡고 가까스로 몸을 일으켰다.

한 방울의 물에서 시작되었다

비야프랑카에 도착하여 마을 끄트머리에 위치한 알베르게로 왔다. 숙소 옆으로 계곡이 흐르고 있었다. 2층 침대에 앉아 계곡 물소리를 들었다. 웅장한 소리였다. 내 귀에 똑같이 들리는 저 물소리도 실은 각기 다른 물방울들이 지어내는 소리일 것이었다. 서로 다른 골짜기에서 출발한 물방울들은 어느 곳에선가 만나 더 큰 물방울이 되어 흐르다가 이곳을 지나고 있을 뿐인데, 왜 같은 소리를 내는 걸까. 왜 새처럼, 종처럼, 저마다의 목소리를 내지 못하는 걸까. 한 방울의 물이 떨어질 때 저마다 다른 소리를 내는데 귀 어두운 내가 듣지 못하는 걸까. 카미노가 시작될 무렵 내가 품었던 생각들, 밤마다 꾸던 꿈들은 모두 어디로 흘러간 걸까. 세상의 끝에 다다르면 붙잡을 수 있을까? 내가 놓친 것들을. 내가 가지지 못한 것들을. 걸으며 내가 품었던 생각들도 어쩌면 계곡의 물처럼 여기저기서 만나 한데 뭉뚱그려져 흐르고 있는지도 모른다는 생각이 들었다.

내 아래층 침대의 주인은 네덜란드에서 온 리버커라고 했다. 내가 밤중에 화장실에 가느라 몇 번이나 오르락내리락할 거라고 미리 양해를 구하니 그녀는 자기도 그럴 거라며 신경 쓰지 말라고 했다. 그녀는 머리를 모두 삭발해서 남자처럼 보이는 여자였다.

두 번째 송어를 발라먹고 있을 때

늦은 점심을 먹으러 레스토랑에 갔다. 계곡이 내려다보이는 창가 쪽으로 앉았다. 앞 테이블에는 코엘료 씨와 한 청년이 마주앉아 식사를 하고 있었다. 나는 코엘료 씨와 눈인사를 나누었다. 그뿐. 그들은 대화에 열중하느라 나에게 관심도 없었다. 내 뒤로는 현지인으로 보이는 젊은 남녀가 앉아 있었다. 나는 송어구이를 시켰다. 잠시 후 내 앞에 두 마리의 송어구이가 접시에 담겨 나왔다. 첫 번째 송어를 발라먹었다. 잘 구워진 송어 살은 부드럽고 고소했다. 내 뒤의 커플은 식사를 하는 내내 다투는 것 같았다. 그들의 말을 알아들을 순 없어도 말투와 억양에서 냉랭한 분위기가 느껴졌다. 내가 두 번째 송어를 발라먹고 있을 때 여자가 자리에서 일어나 또각또각 구두소리를 내며 레스토랑 밖으로 걸어 나갔다. 나는 남자의 표정이 궁금했으나 뒤돌아보지 않았다. 더 이상 포크와 나이프 소리도 들리지 않았다. 그는 한참을 앉아 있다가 자리에서 일어나 나갔다. 갑자기 내가 버림받은 사람이 된 것처럼 쓸쓸해졌다. 뼈만 남은 생선 접시가 내 앞에 놓여 있었다. 서로의 살을 발라먹고 앙상한 뼈만 남았을 때 사랑은 끝이 나는지도 모른다.

창가 테이블에 혼자 앉아 송어를 먹는다 등 뒤로 젊은 커플이 마주앉
아 소곤거리는 소리 잘 구워진 송어 살은 부드럽고 고소하다 차츰 목
소리가 높아진다 내가 두 번째 송어의 배를 가르는 순간 여자가 자리
를 박차고 일어나 밖으로 뛰쳐나간다 나는 포크와 나이프를 달그락거
리며 접시 위의 송어를 발라낸다 잠시 후 남자가 의자를 밀치고 나가
는 소리 조용한 식당엔 뼈만 남은 접시와 나만 남았다

서로의 살을 다 발라먹고
앙상한 뼈만 남았을 때
안 들려 안 들려
당신과 나는 서로의 귀를 틀어막은 채
들리지 않는다고 외치고 있었다

　　― 자시 「두 번째 송어를 발라먹고 있을 때」

나의 페이스대로 걷다

알베르게에서 로리네 가족을 다시 만났다. 로리는 여전히 활기찼고, 에드
워드는 따뜻했다. 로리는 다음날의 험한 산행을 위해 발마사지를 받겠다고
했다. 로리네는 내일 오세브레이로까지 30킬로미터를 걸을 예정인데, 가
파른 오르막이 이어질 것이어서 처음으로 배낭을 택시로 보내고 빈 몸으로

걷기로 했다고 한다. 나도 배낭을 보내고 그들과 함께 걸을까 하다가 무리하지 않기로 했다. 오늘처럼 무더운 날이 내일도 계속된다면 그곳까지 가는 건 나에겐 무리일 것이다. 아침 일찍 나선다 해도 내가 갈 수 있는 곳은 파보까지이다. 마리아는 내일은 조금만 걷고 다음날 버스로 오세브레이로까지 이동하겠다고 했다.

모두들 자신의 페이스대로 길을 가고 있었다. 사전 정보도 없이 무작정 걷기만 하는 내가 무모한 여행을 하는 건 아닌가 싶었다. 나는 철저히 알아보고 계획하는 방식이 아니라 그때그때 컨디션에 따라 움직이고 마음에 드는 숙소에 머물렀다. 준비된 여행에서 오는 편안함보다는 예기치 않은 시간과 공간에서 오는 우연을 즐기고 싶었다. 그것이 나의 페이스이고 내가 살아온 방식이었다.

'난 서울로 돌아가. 산티아고까지 무사히 걷기를 기도할게. 서울에서 만나.'

카미노 초반에 함께 했던 선주로부터 온 메시지였다. 그녀는 다리가 더 악화되었다고 했다. 시작 무렵 강인한 체력으로 건강을 과시하던 그녀였는데 안타깝게 되고 말았다.

발목이나 다리에 부상을 입고 절뚝거리며 걷거나 몸이 회복될 때까지 한 곳에 머무르는 순례자들이 늘어났다. 나는 600킬로미터를 걷는 동안 다행히도 발에 물집 한번 안 잡히고 발목 한번 꺾이지 않았다. 하지만 점점 지쳐가고 있었다. 나의 호기심과 씩씩함도 함께 지쳐갔다. 순례자들도 마찬가지였다. 카미노 초반에는 새 친구를 사귀려 하고, 길동무를 만들고 하더니 끝나갈 무렵이 되자 끼리끼리만 모이려 했다.

저녁 9시가 다 된 시간인데도 넓은 도미토리는 텅 비어 있었다. 모두들

식사를 하러 나갔거나 시내 구경을 하러 나간 것이었다. 나는 기진맥진해 져서 숙소 밖으로 한 발자국도 나가지 못하고 있었다. 낮잠을 잔 탓인지 밤 늦도록 잠들지 못하고 일기를 쓰고 있는데, 코엘료 씨가 다가와 양손을 귀 밑에 포갠 채 속삭였다.

"그만하고 이제 자야지."

다정하게 구는 그가 좋아지려고 했다. 내가 많이 외로운가보았다.

27일차 비야프랑카 델 비에르소~오 세브레이로

Villafranca del Bierzo ~ O Cebreiro 30km

세상에서 가장 아름다운 화살표

어둑한 새벽, 내 앞에서 두 명의 노부인이 걷고 있었다. 나는 아무 생각 없이 그들 뒤를 따라 걸었다. 어느 순간 그들이 걸음을 멈추었다. 노란 화살표를 잃어버린 것 같았다. 뒤따라가던 내가 먼저 화살표를 발견하고는 방향을 가리키자 그들은 "당케!" 인사하고는 화살표 방향으로 걸었다.

체리나무가 줄지어 서 있는 마을을 지날 때였다. 어느 집 이층 발코니에 노부부가 상체를 기댄 채 서 있었다. 그들은 그곳을 지나는 순례자들에게 "부엔 카미노!" 하며 손을 흔들어주고 있었다. 따스한 물기가 가슴으로 번졌다. 낯선 땅에서 환영받고 존중받는다는 느낌이 나를 기분 좋게 했다. 그들 덕분에 이곳은 더 이상 낯선 땅이 아니었다. 스페인에서는 잔디 깎는 인부들도 친절했다. 그들은 마스크를 쓴 채 작업하다가도 순례자가 지나가면 잔디 깎는 일을 멈추고 "부엔 카미노!" 하며 인사를 건넸다.

길을 잃었을 때 만나게 되는 노란 화살표는 세상에서 가장 아름다운 화살표였다. 뿐만 아니라 순례자들에게 손 흔들어주는 노부부나 잔디 깎는 인부들도 세상에서 가장 아름다운 화살표가 되어주었다. 그들이 보여준 넉넉하고 따뜻한 마음씀씀이가 순례자에게는 아름다운 마음의 화살표로 기억될 것이기 때문이었다.

라면의 힘으로 걷다

비야프랑카의 알베르게에서 오렌지주스와 시리얼, 토스트로 든든한 아침식사를 하고 왔음에도 불구하고 트라바델로에 도착할 무렵 나는 두리번거리며 무언가를 찾고 있었다. 마침내 마을이 끝나는 곳에서 태극기가 휘날리는 바를 발견했다. 앞서간 영미가 추천해준 곳이었다. 기다리고 있었다는 듯 바의 입구에 주인인 산티아고가 서 있었다.

"라면을 먹을 수 있을까요?"

"물론이지요. 매운 라면을 원해요? 순한 라면을 원해요?"

나는 매운 라면을 주문했다. 그로부터 정확히 10분 후 산티아고는 김이 모락모락 나는 라면 한 그릇과 하얀 쌀밥 한 공기, 그리고 한 종지의 김치가 담긴 쟁반을 내 앞에 내놓았다. 놋숟가락과 젓가락이 정갈한 냅킨에 싸인 채였다. 나는 이국에서 마주한 라면과 밥 앞에서 목이 메었다.

"이 라면은 어디서 구해오는 거지요? 어떻게 이곳에서 라면을 팔 생각을 하게 된 거예요?"

내가 물었다.

"어느 날 한국인 여자 순례자가 이 마을에 오게 되었어요. 그런데 그녀가 아무것도 못 먹고 몹시 아팠는데, 뭘 먹으면 낫겠냐고 했더니 라면이 먹고 싶다는 거예요. 그 후 나는 한인협회의 도움으로 라면을 구입하게 되었고, 그녀가 먹고 싶다던 라면을 메뉴에 넣었지요. 그리고 인터넷을 통해 김치 담는 법을 아내와 함께 배워서 김치도 담을 수 있게 되었어요."

그때 로리 부부가 들어왔다. 나는 그들에게 한국 라면이라며 한 입 먹어 보라고 권했다. 로리는 국물을 한 숟갈 떠먹고는 맛있다고 했다. 더 먹으라고 했더니 로리가 말했다.

"이 귀한 음식을 어떻게 내가 뺏어먹을 수 있겠니? 어서 맛있게 먹어."

곧 이어 로리의 친구 레일린 부부도 바 안으로 들어섰다가 내가 먹고 있는 라면을 보더니 같은 라면을 주문했다. 그들은 한국인 친구가 있어서 라면을 먹어본 적이 있다고 했다. 나는 라면 국물에 밥까지 말아 한 방울도 남기지 않고 먹었다. 산티아고는 히딩크의 고향인 네덜란드에서 41년을 살다가 이곳으로 왔다고 한다. 히딩크가 한국 축구의 영웅이듯, 산티아고는 나에게 오늘의 영웅이었다. 그가 끓여준 라면의 힘으로 험난한 산을 타고 오세브레이로까지 거뜬히 걸어 오를 수 있게 되었으니.

조용한 길동무 멜라니

간간이 비가 내리다 그치다 했다. 날씨는 선선했고, 비 온 뒤의 산골마을 은 녹음이 짙어가고 있었다. 마을 어귀를 어슬렁거리던 검은 고양이가 멈 춰 서서 나와 눈을 맞추었다. 까마귀는 체리나무에 내려앉아 붉게 익은 체 리를 파먹었다. 어느 마을에선가 '아름다운 말을 렌트합니다'라는 표지판 이 붙어 있었고, 조금 더 가니 피부에 윤기가 흐르는 말 한 마리가 초원에

서 풀을 뜯고 있었다. 크고 작은 마을이 자주 나타났다. 그 중 한 마을의 바에 들러 카페콘레체와 오렌지주스를 마시고, 길에서 산 체리를 먹으며 걸었다. 마침내 오늘의 목적지 파바라는 마을에 당도했다. 그런데 그곳은 가축 냄새가 많이 났다. 목축업을 하는 마을이었다. 든든하게 라면까지 먹은 터라 다음 마을인 오세브레이로까지 갈 수 있을 것 같았다. 계속 걸었다.

미국 코네티컷에서 왔다는 멜라니를 만났다. 길 위에서 몇 번인가 그녀를 봤는데 늘 혼자였다. 그녀는 걷다가 이따금씩 멈춰 서서 풍경을 내려다보거나 담배를 피우곤 했다. 마사지 테라피스트라고 했다. 우리는 서로의 배낭에서 물병을 꺼내주기도 하고, 사진을 찍어주기도 하며 함께 걸었다. 때로는 말 많은 친구보다 조용한 친구가 더 좋은 길동무가 되기도 한다. 오세브레이로까지 가는 길은 햇볕이 살을 태울 듯 뜨거웠으나 산 풍경에 압도되어 힘든 줄 모르고 걸었다. 멜라니와 나는 아름다운 마을이 내려다보이는 산 중턱에 멈춰 서서 말없이 경치를 내려다보다 다시 걸었다. 가슴속에

서 수없이 많은 느낌표와 말줄임표가 만들어지고 있었다.

뽀뽀와 와인에 취하다

정상 즈음에서 느닷없이 마을이 나타났다. 커다란 성당 앞에 관광버스 몇
대가 서 있었고, 버스를 타고 온 듯한 사람들이 야외에서 식사를 하고 있었
다. 인적 없는 산길을 걷다가 갑자기 만난 사람들과 건물들은 비현실적으
로 보였다. 여기는 어디일까. 저 많은 사람들은 모두 어디에서 온 걸까. 뱃
속에서 꾸르륵 소리가 들렸다. 나는 다시 현실로 돌아왔다. 오후 세 시가
다 되어가고 있었다.

"효! 효!"

어디선가 내 이름을 부르는 소리가 들렸다. 깜짝 놀라 올려다보니 로리네
가족이었다. 나보다 먼저 도착한 그들은 숙소 앞에서 와인을 마시고 있다
가 나를 보고는 박수를 치며 환호했다.

"드디어 해냈구나! 여기까지 온 것을 축하해야지. 빨리 숙소에 가서 체크인하고 와."

이곳은 오세브레이로였다. 험한 산길을 올라 마침내 1,296미터의 산꼭대기 마을에 당도한 것이다. 성체와 성배의 기적이 일어난 곳. 노란색 화살표를 처음으로 만들어 산티아고 순례길을 신앙인뿐만 아니라 일반인에게도 대중화시킨 신부의 피땀 어린 곳이 바로 오세브레이로라고 했다. 공립알베르게는 전망 좋은 곳에 자리하고 있었다. 긴 줄을 서서 기다려 배정받은 방에서 나는 산 아래 전경이 한눈에 내려다보이는 창가의 이층침대를 선택했다. 짐만 내려놓고 씻지도 않은 채 그 길로 로리네로 달려갔다. 한국에서 가져온 북마크를 들고서. 로리는 나를 기다리다가 막 들어가려던 참이었다. 큰아들 에디가 나를 위해 스페인어로 음식 주문하는 것을 도와주었다. 다시 건배가 이어졌다. 뽀뽀와 와인 한 잔이 나를 이토록 행복하게 할 수 있다니! 오래 걸어온 후 먹는 음식과 와인은 영혼의 양식, 영혼의 술이었다. 로리와 레일린은 내가 선물로 준 한국 전통의상 문양의 북마크를 마음에 들어 했다. 나는 이담에 한국에 오라고 로리를 초대했고, 그녀는 꼭 그러겠다고 대답했다.

마침내 잃아눕다

콧물이 줄줄 흐르고 목이 따끔따끔 아팠다. 아침부터 목이 아프기 시작하더니 감기에 걸리고 말았다. 그 상태에서 30킬로미터를, 그것도 산길을 걸어 올라왔으니 아프지 않다면 오히려 이상한 일이었다. 누구는 다리 부상

때문에 잘 걷지도 못하고, 또 누구는 열흘 만에 카미노를 포기하고 돌아가야 하는 상황에서 나는 발에 물집도 안 잡히고 아프지도 않다며 큰소리쳤더니 그 대가를 혹독하게 치르고 있었다. 돌로 된 성당과 고풍스러운 건축물들을 좀 더 둘러보고 싶었으나, 산속이라 금세 기온이 내려갔다. 몸 상태가 더 악화된 것 같아 저녁도 먹지 못하고 침낭 속으로 기어들어갔다.

잠이 깼을 때는 자정이 다 된 시간이었다. 잠들지 못한 몇몇 사람은 침대 위에서 책을 읽거나 휴대폰으로 무언가를 하고 있었다. 갑자기 창밖으로 어두운 그림자가 스쳤다. 나는 유령이라도 본 듯 소스라치게 놀랐다. 배낭을 멘 두 명의 여성 순례자가 지나가고 있었다. 나는 두 눈을 비볐다. 한밤중에, 그것도 안개가 자욱한 산길을 걷고 있다니. 내가 꿈을 꾸고 있는 걸까. 그러나 나는 헛것을 본 게 아니었다. 미치지 않고서야 누가 이 시간까지 험한 산길을 걷고 있었던 걸까.

누군가 심하게 코를 골고 있었다. 이층침대에 있는 여자가 그를 깨우려고 몇 번이나 침대를 흔들기도 하고 흠흠 소리를 냈으나 다른 사람의 잠만 방해할 뿐이었다. 다시 콧물이 흐르기 시작했다. 휴대폰으로 누군가와 메시지를 주고받으며 킥킥대는 옆 침대 여자에게 불 좀 비춰 달라고 부탁하여 배낭 속에서 감기약을 찾아 먹었다. 내일은 이동거리가 짧고 내리막이라 다행이다. 하지만 약기운에 취해 헛발을 딛지 않도록 조심해야 한다.

창밖은 안개가 짙어지고 있었다. 날씨가 맑으면 별이 총총할 텐데. 밤이 되면 대부분의 알베르게는 일찍 문을 잠그고, 순례자들도 다음날의 순례를 위해 일찍 잠이 들기 때문에 달과 별을 볼 수 없다는 것이 가장 아쉬운 일이었다. 캄캄한 안개 속을 걷고 있을 두 여성 순례자가 자꾸만 눈에 밟혔다.

28일차 오세브레이로~트리아카스테야

O Cebreiro ~ Triacastela 22km

약에 취해 비몽사몽간에 걸었다. 급경사 내리막이라 넘어지지 않으려고 스틱을 단단히 움켜쥐고 두 눈을 부릅떴다. 어제 저녁도 못 먹고, 아침도 거른 터라 정신이 혼미했다. 몸이 천근만근이고, 발목엔 쇠방울을 달아놓은 것 같았다. 이러다 길 위에서 쓰러지는 건 아닐까 두려웠다. 따뜻한 국물이 그립고 모국어가 그리웠다. 두 딸도, 어머니도 보고 싶었다. 카미노를 시작할 때의 자신감과 패기만만은 어디로 가고, 아프고 힘없는 여자가 길 위를 걷고 있었다. 나를 지탱해주는 건 두 개의 스틱뿐이었다.

어쩌면 나는 아파서가 아니라 혼자인 것이 두려운지도 몰랐다. 카미노를 하면서 남녀커플을 자주 보았다. 젊은 커플, 나이 든 커플, 길 위에서 만난 커플도 있었다. 나는 나이가 지긋한 커플들에 더 눈길이 갔다. 그들은 나란히 걷다가 상대의 손을 잡아주기도 하고, 배낭에서 물병을 꺼내주거나 필요한 물건을 꺼내주기도 했다. 한 사람의 걸음이 느려지면 상대도 따라서 느려졌다. 다나카 씨도 언제부턴가 서양 여자와 함께 걷고 있었다. 붙임성 좋던 그는 동행이 생긴 후론 나를 만나도 본체만체했다.

내가 옆도 뒤도 보지 않고 걸을 때, 천천히 가자며 속도를 늦춰줄 사람이 없다는 게 쓸쓸했다. 내가 지쳤을 때 함께 벤치에 앉아 쉬어줄 사람 하나 없다는 것이 서글펐다. 내가 아플 때 걱정스런 눈길로 들여다 봐줄 사람, 이 세상 떠나는 날 잘 가라고 따뜻하게 손 잡아줄 사람···. 지금 내 곁에 그런 사람 하나 존재하지 않는다는 것이 얼마나 쓸쓸한 일인지를 나는 이 국땅에서 뼈아프도록 실감하고 있었다. 사람은 혼자가 외로워서 둘이 되고 싶어 하고, 둘이 되면 다시 혼자가 되고 싶어 한다. 간절히 원해서 혼자 떠나온 여행인데, 나는 이곳에서 외롭다고 징징대고 있었다.

크레페 한 장과 노부인의 기도

바에서 오렌지주스를 마시고 나오는데 어느 집에서 노부인이 나오더니 나를 불러 세웠다. 내가 영문을 몰라 주춤하고 서 있으려니 노부인은 집안 으로 들어가 보자기를 덮은 접시를 들고 나왔다. 보자기를 벗겨내자 접시 위에 얇은 크레페 몇 장이 놓여 있었다. 이렇게 친절할 데가! 내가 사진을 찍으려 하자 "노 포토" 하며 크레페에 설탕을 뿌려주었다. 배가 고프진 않았지만 부인의 성의를 생각해서 받았다. 그러자 노부인은 다른 손에 든 동전을 짤랑거리며 무슨 말인가를 했다. 아, 이거였구나! 나는 마뜩찮은 표정으로 1유로를 내밀었다. 그러자 노부인은 선 채로 나를 위해 기도를 해주는 것이었다. 알아들을 수 없는 언어였지만 내가 무사히 산티아고까지 걸을 수 있도록 해달라는 기도 같았다. 그 기도가 얼마나 지극하고 정성스러운 지 가슴이 뭉클했다. 좀 전에 속물적인 반응을 보인 내가 부끄러워 쥐구멍에라도 들어가고 싶었다.

뭉쳤다 흩어졌다 하는 가족

이른 아침 오세브레이로를 출발할 때 로리의 큰아들 에디를 만났다. 그는 "How are you?"를 한국어로 뭐라 하는지 물었다. 나는 "안녕?"과 "안녕!"

의 차이를 설명해주었다. 에디는 오늘 가족과 헤어져 44킬로미터를 걸을 거라고 했다. 남들은 이틀 걸려 걸을 거리를 하루에 걷고, 가족이 오기를 기다리는 하루 동안 숙소에서 과제를 할 거라고 했다. 내가 놀란 것은 바로 이 점이었다. 로리 부부는 가족이 함께 걷다가도 아들들이 원하면 혼자서 걷도록 했다. 카미노에서 만나 수양딸 삼은 브리타도 어제 우리가 머물렀던 마을에서 잠시 쉬었다가 먼저 떠났다.

트리아카스테야에 도착해서도 그랬다. 로리의 작은아들인 아드리안이 내가 머무는 숙소로 왔다. 제 부모는 펜션에 머물고, 그는 친구들과 함께 이곳에 머물 거라고 했다. 그들은 자유롭고 독립적인 여행을 통해 스스로를 돌보고, 사람들과의 관계 속에서 성숙해지는 법을 배우고 있었다.

잘 가라, 내 양말들아

알베르게의 주방에서 파스타를 먹다가 창밖을 보니 모리츠가 숙소 앞 벤치에 앉아 있었다. 사아군에서 홍합만찬을 함께 했던 청년이었다. 식사 후 차 한 잔을 만들어가지고 나갔다.

"모리츠, 여기서 뭐하는 거야?"

"햇볕을 쪼이고 있어요."

그는 신발과 양말을 의자 밑에 벗어놓은 채 앉아 있었다.

"오늘밤 여기에서 머물 거야?"

"여긴 너무 비싸요. 난 침대와 샤워실과 주방이 있는 3유로짜리 알베르게를 원해요."

그는 알베르게에서 며칠씩 일을 하며 돈이 모아지면 다시 순례를 계속한다고 했다.

"난 피니스테라까지 걷고 싶어요. 며칠 동안 샤워를 못 해서 내 몸에서 냄새가 나는 것 같아요. 당신 뒤에 몰래 숨어 들어가 샤워를 해도 될까요? 하지만 금세 들키고 말 거예요."

그와 아는 사이인 듯한 젊은 여자가 다가와 몇 마디를 나누더니 그에게 시가 한 뭉치를 건넸다. 모리츠는 고맙다고 말하며 받았다. 그 순간 나는 갈등했다. 모리츠를 위해 하룻밤의 숙박비를 대신 내줄까. 섣부른 동정은 그의 자존심을 다치게 할지도 모른다는 생각이 도와주어야 한다는 생각을 눌렀다. 대신 나는 그에게 따뜻한 차 한 잔을 권했다. 모리츠는 고개를 흔들며 차 대신 그녀가 준 시가를 말아 피웠다. 그가 벗어놓은 양말이 바람에 도로를 뒹굴었다. 그는 구르는 양말을 주울 생각도 안 하고 이렇게 말했다.

"잘 가라, 내 양말들아."

오래 전 순례자들은 탁발을 하면서 다녔다고 한다. 그런데 지금의 나는 어떤가. 카미노가 끝나갈 무렵이 되자 조금 비싸도 깨끗하고 시설 좋은 곳만 찾고 있었다. 바람에 뒹구는 양말처럼 가볍고 자유롭기. 어쩌면 이것은 모리츠뿐만 아니라 모든 이들이 순례의 길에서 추구하는 것인지도 모른다. 돈 한 푼 없이 걷고 있는 모리츠가 진정한 순례자일지도 모른다는 생각이 들었다.

그를 그곳에 남겨두고 나는 동네를 산책했다. 어느 골목의 바 앞에서 며칠 전 만났던 사비나와 테리를 만났다. 사비나는 물집이 더 커졌다며 발을 보여주었다. 조금 걸으니 성당이 나왔다. 성당 안에는 공동묘지가 있었다. 나는 성당 뜰로 들어가 묘지를 둘러보았다. 따스한 햇살 아래에 누워 있는

무덤들은 평화로워보였다. 비석마다 스페인어로 쓰여 있어 잘은 모르지만 고인의 내력이 적혀 있는 것 같았다. 무덤 위에는 조화들이 놓여 있었는데, 고인의 사진이 걸려 있는 곳도 있었다. 사진 속의 얼굴들은 모두 환하게 웃고 있었다. 잠시 무덤 앞에 앉아 있었다. 무섭다는 생각은 전혀 들지 않았다. 그러기엔 이곳은 너무 환하고, 따사롭고, 고요했다. 어떻게 살면 이들처럼 웃으며 세상을 떠날 수 있을까.

성당 문은 잠겨 있었다. 미사 시간이 오후 6시로 적혀 있는 걸 보니 이미 미사가 끝난 시각이었다. 다시 성당 밖으로 나와 숙소로 가는 길에 그 시간까지 걷고 있는 여성 순례자를 만났다. 그녀는 잠시 망설이더니 나에게 기부금으로 운영되는 알베르게가 있는지 물었다. 이곳에 그런 알베르게는 없다고 했더니 알았다며 가던 길을 계속 갔다. 모리츠가 반대편에서 걸어오고 있었다.

"떠나는 거야?"

"네. 따뜻한 물을 얻었어요."

그는 환하게 웃으며 보온병을 높이 흔들어 보였다. 결국 비박(노숙)을 할 모양이었다. 오늘밤 그는 어느 처마 밑에서 찬 이슬을 맞으며 자게 될 것이다. 나는 그가 점점 작아져서 보이지 않을 때까지 뒷모습을 바라보며 생각했다. 기부금으로 운영되는 숙소를 찾고 있던 여성 순례자와 모리츠에게 내가 먼저 도움의 손길을 내밀었어야 했다고. 설사 그들이 거절하는 일이 있다 하더라도.

침낭 속에서 울다

산티아고까지 135킬로미터를 남겨두고 있었다. 6월의 들판에서는 밀과 보리가 익어가고, 아기 젖꼭지만 했던 포도 알들은 어른 젖꼭지만 하게 영글어가고 있었다. 체리는 짙은 자줏빛으로 빠르게 익어갔다. 카미노를 시작한 지 한 달이 다 되어가고 있었다. 과일과 곡식들은 껍질 속에서 제 몸을 불리며 익어 가는데, 내 영혼은 영글려면 아직 멀었다.

카미노를 하면서 다양한 감정의 변화를 겪었다. 삶의 희로애락이 800킬

로미터 여정 속에 모두 들어 있었다. 어떤 날은 순례자들로 북적거리는 길이 싫어 혼자였으면 싶다가도, 조용한 길을 혼자 걷다 보면 밀려오는 외로움에 몸서리를 치기도 했다. 8백 킬로미터의 여정이 한 생이라면 나는 지금 황혼기에 접어들었다. 아름다운 마무리를 해야 할 때, 나는 혼자인 것이 몹시 아프고 슬펐다. 누에고치 같은 침낭 속에 숨어서 조금 울었다.

29일차 트리아카스테야~바르바델로
Triacastela ~ Barbadelo 24km

꿈을 꾸다가 몇 번인가 잠꼬대를 했고, 내 소리에 놀라 잠이 깼다. 어느 침대에선가 외국 여자가 잠꼬대를 하며 웃었다. 내 아래 침대의 남자는 심하게 코를 골았다. 로리의 아들 아드리안은 건너편 침대에서 곤히 자고 있었다. 대학에서 스포츠저널리즘을 공부한다는 그는 아직 소년티가 남아 있어 잠든 모습이 천진해보였다.

아침이 되자 몸은 가뿐해졌고 기분도 한결 나아졌다. 오늘은 잘 걸을 수 있을 것 같았다. 두 시간쯤 걸어서야 바가 나타났다. 카페콘레체와 또르띠야로 아침식사를 하는데, 레일린 부부가 나를 보고는 아프다더니 괜찮냐고 물어주었다. 그리고 로리 부부가 뒤따라오고 있으니 곧 만날 수 있을 거라고 말해주었다.

목이 긴 장화를 신고 양동이에 소젖을 짜가지고 가는 마을 아낙을 만났다. 꾸밈없이 소박한 농촌 아낙의 모습을 사진으로 담고 싶었으나 무례한 일이 될까봐 그만두었다. 다시 걷고 있는데 누군가가 내 이름을 부르며 바에서 뛰어나왔다. 로리였다. 내가 아프다는 얘길 듣고 걱정했다며 몸은 좀 어떠냐고 물었다. 그들은 나에게 따뜻한 차 한 잔과 산티아고케이크를 권했다. 나는 차 대신 오렌지주스를 시켰다. 그때 마을 앞으로 소 떼가 지나가고 있었다. 로리와 나는 밖으로 뛰어나가 소의 행렬을 구경했다. 바에서 코엘료 씨와 일행이 쉬고 있다가 나를 보고 알은체를 했다. 이 모든 풍경의 중심에 내가 있다는 것이 행복했다. 나는 혼자가 아니었다. 이렇게 나를 걱정해주고 챙겨주는 친구들이 있는데, 아파하고 슬퍼할 일이 아니었다. 어젯밤 나에게 필요한 것은 약이 아니라 따뜻한 관심이었는지도 모른다.

로리는 그들이 머물게 될 바르바델로의 숙소에 전화해서 내 침대를 예약해주었다. 사리아까지 로리 부부와 함께 걸었다.

"하트 모양의 돌멩이를 찾았니?"

내가 묻자 로리는 길 위에서 주운 하트 모양의 조약돌 두 개를 보여주었다.

"하하하. 넌 마침내 완벽한 사랑을 찾았구나."

로리를 처음 만났을 때 그녀는 하트 모양의 돌멩이를 찾고 있다고 했다. 그녀는 그것으로 그치지 않고 하트를 찾고 또 찾았다. 그녀는 또 하나의 돌멩이를 주워서 나에게 보여주었다.

"이건 하트랑 비슷하게는 생겼네."

나에게는 그저 울퉁불퉁해 보이는 돌멩이가 사랑으로 가득 찬 사람에게는 하트로 보이는 것 같았다. 그녀가 말했다.

"신뢰할 수 없는 남자 때문에 나도 이혼의 아픔을 겪은 적이 있어. 그 사람 때문에 다른 사람들조차 믿지 못했지. 그런데 에드워드를 만나고부터 이 사람은 믿어도 되겠구나 싶은 생각이 들었어. 아니, 어느 순간부터인지 내가 진심으로 그를 믿고 있더라고."

로리에 의하면 사랑은 믿음으로부터 시작되는 거라고 했다. 믿음은 남녀 관계뿐만 아니라 모든 관계의 출발점이었다. 낯선 사람으로 만난 로리와 나 역시 서로를 신뢰하면서 우정을 쌓아가고 있었다. 그녀는 장미꽃 옆을 지날 때마다 코를 대고 흠흠, 향기를 맡았다.

"이 향기 좀 맡아봐. 장미꽃도 저마다 다른 향기를 가지고 있지."

로리가 한쪽 눈을 찡긋하며 웃었다. 그녀가 찾고 있던 하트는 바로 그녀

자신이었는지도 모른다. 자신을 사랑할 줄 아는 사람이 타인도 사랑할 수 있는 것이므로. 그녀는 장미꽃처럼 자신만의 향기를 나누어줄 줄 아는 여자였다.

아름다운 것은 마음에 담아야 해

사리아는 크지도 작지도 않은 읍내 정도 되는 곳이었다. 여기서부터 산티아고까지의 거리는 100킬로미터. 순례자증명서를 발급받을 수 있는 최소한의 거리가 100킬로미터여서 이곳에서부터 시작하는 순례자들이 많다고 했다. 그래서인지 유난히 알베르게가 눈에 많이 띄었다. 왠지 이곳을 그냥 지나치고 싶지는 않았다. 나는 로리네를 먼저 보내고, 깔끔해 보이는 바에 들렀다. 그곳에서 예쁘고 친절한 아가씨가 만들어준 오렌지주스와 치즈 보까디요(바게트 빵으로 만든 샌드위치)를 점심으로 먹고 휴식을 취했다. 다음 마을에 숙소를 예약해둔 터라 마음도 느긋했다.

사리아에서 바르바델로까지 가는 3.5킬로미터는 숲길이었다. 숲길을 혼자 걷다가 생각했다. 내가 걷고 있는 이 낯설고 후미진 길을 나보다 앞선 누군가가 걸었고, 누군가가 걷고 있고, 또 걸을 거라 생각하면 이 길은 더 이상 외로운 길이 아니라 우리 모두의 길이 된다고. 그렇게 생각하니 숲이 더 이상 낯설게 느껴지지 않았다.

숲속에서 한 여자와 남자가 나무 그루터기에 앉아 이야기를 나누고 있었다. 남자는 그곳을 지나는 순례자들을 대상으로 물건을 파는 사람이었고, 여자는 순례자인데 잠시 쉬어가는 중인 것 같았다. 둘의 대화하는 모습이 너무도 진지해 보여 사진을 찍고 싶었으나 이번에도 그러지 못했다. 사진 한 장이 내가 보고 느낀 감동을 고스란히 말해줄 수 있을까. 정말 귀하고 아름다운 것은 사진으로 남길 수 없는 거라고, 가장 소중한 순간은 마음으로 담아야 하는 거라고 그들 곁을 지나며 생각했다.

카사 데 카르멘

카사 데 카르멘은 바르바델로 마을의 끝자락에 자리한 조용하고 아름다운 알베르게였다. 먼저 당도한 로리 부부와 큰아들 에디가 나를 반겨주었다. 하루 일찍 도착한 에디가 나를 침대가 있는 방으로 안내했다. 그는 이곳에서 하루 동안 쉬면서 과제를 했다고 한다. 로리 부부가 마을이 내려다보이는 벤치에 앉아 와인을 마시며 하루의 피로를 씻어내는 동안 나는 샤워를 했다. 내겐 금강산도 식후경이 아니라 샤워후경이었다. 대여섯 시간을 걸은 후 샤워를 하고, 빨래를 해서 빨랫줄에 널고 난 후의 상쾌함이란! 젖은 옷들이 바람과 햇살에 꾸덕꾸덕 말라가는 것을 지켜보는 일도 카미노의 즐거움 중 하나가 되었다.

열다섯 명의 순례자들이 알베르게의 긴 식탁에 함께 모여 앉아 저녁식사를 했다. 네덜란드의 리버커도 함께였다. 이곳에서 다시 만난 그녀는 나를 보자마자 덥석 껴안으며 반가워했다. 저녁 식탁에서 그녀는 내 옆에 앉았고, 그녀와 나의 맞은편엔 로리 부부가 앉았다.

나는 주로 리버커와 대화를 했다. 프랑스에서 카미노를 시작했다는 그녀는 산티아고까지 걸으면 모두 1,500킬로미터를 걷는 셈이 된다고 했다. 그녀는 레즈비언이라고 스스로를 밝혔다. 이런 일에 익숙지 않은 나는 어떻게 답변해야 할지 몰라 당황스러웠으나 당당한 그녀를 보며 마음이 편해졌다. 내가 한국에 두고 온 두 딸이 보고 싶다고 하자, 그녀는 네덜란드에 두고 온 그녀의 파트너가 그립다고 했다. 함께 오고 싶었으나 파트너의 다리에 문제가 있어서 함께 오지 못했다고 한다. 그녀는 카미노 초반에 만난 여자에 대해 이야기했다.

"피레네 산을 넘을 때였어. 심한 눈보라로 걷기 힘든 상황이었지. 그때 한 여성 순례자를 만났어. 그녀는 추위와 피로감으로 탈진한 상태였는데, 내가 부축해서 가까스로 론세스바예스까지 올 수 있었지. 그 후 우린 함께 걷기로 했고, 누군가 먼저 도착하면 기다려주기로 했어. 나는 약속한 장소에서 기다렸지만 그녀는 나타나지 않았어. 전화를 해서 어디냐 물으면 '잘 모른다.'는 대답만 돌아왔지. 그녀는 끝내 약속을 지키지 않았고, 나는 마음이 몹시 상했어."

그녀는 왜 '노우'라고 말하지 않았을까. 자신의 생명을 구해준 사람이니 상대의 제안을 거절하기 어려웠을지도 모르고, 그녀가 레즈비언이라는 것을 알고 거부감이 들었는지도 모른다. 그 순간은 난처해도 싫으면 싫다고 말했어야 했는데, 솔직하지 못한 말과 행동이 결국 상대를 더 아프게 하는 일이 되고 말았다. 하지만 내가 그 입장이었어도 '노우'라고 말할 수 있었을까 생각하니 선뜻 답이 나오지 않았다. '노우'라고 말하는 것은 '예스'라고 말하는 것보다 더 큰 용기를 필요로 하는 일이었다.

그녀의 우울한 이야기와는 상관없이 갈리시안 스프와 참치오믈렛, 치즈
케이크, 와인과 함께한 저녁식사는 맛있었다. 청년들의 수다와 유쾌한 웃
음소리가 이어졌다. 무엇보다 미스터 빈을 닮은 주인과 그의 아름다운 아
내 카르멘이 손님들에게 음식을 나르고, 와인을 따라주느라 동분서주하는
모습은 감동이었다. 그들 부부는 오직 그 저녁을 위해 존재하는 사람들처
럼 순례자들에게 정성을 다했다.

식사를 마치고 로비에서 가족에게 메시지를 보내고 있을 때, 한 아가씨가
컴퓨터로 그녀의 아버지와 화상채팅을 하고 있었다. 남자친구인 듯한 청년
은 그녀 옆에 앉아 노래를 불러주었다. 그녀는 대화하며 이따금씩 눈물을
훔쳤다. 그 모습을 보고 있으려니 콧등이 시큰해졌다. 내 가족이 그리웠다.
어머니와 아버지, 두 딸과 동생들이 보고 싶었다. 떠나보면 알게 되는 것들
이 있다. 가족이 나에게 얼마나 소중한 존재인지, 내가 가족을 얼마나 사랑
하는지를 여행은 깨닫게 해주었다.

30일차 바르바델로~곤사르
Barbadelo ~ Gonzar 28km

오전 6시 30분. 알베르게를 나섰을 때 동쪽 하늘에 새털구름이 붉게 물들어 있었고, 신비로운 기운이 숲을 감싸고 있었다. 안개가 긴 치맛자락을 끌며 숲을 지나갔다. 일찍 일어난 사람이 아니면 볼 수 없는 풍경에 압도되어 홀린 듯 걸었다. 나보다 먼저 출발한 순례자들을 앞질렀다. 지난밤 와인을 많이 마셔서인지 갈증이 났다. 아무리 걸어도 바는 나오지 않았다. 허기와 갈증으로 한 발자국도 걸을 수 없을 때, 배낭을 내려놓고 남의 집 돌담에 걸터앉았다. 전날 먹다 남은 보까디요를 꺼냈다. 마실 것도 없이 딱딱한 빵을 먹으려니 목구멍에 걸려 내려가지 않았다. 먹기를 포기하고 다시 걷기 시작한 지 10분도 안 되어 바가 나타났다.

커피 한 잔을 시켜 남은 보까디요로 요기를 했다. 다시 얼마쯤 걷다가 느슨해진 신발 끈을 고쳐 매기 위해 멈춰 섰다. 그때 낯선 한국 아가씨가 그곳을 지나고 있었다. 며칠 만에 본 한국인이라 몹시 반가웠다. 미국에서 온 서른여섯 살의 정숙이라고 했다. 그녀는 대학에서 스페인어를 전공하고, 스페인에서 1년 동안 공부하며 스페인어를 익혔다고 했다. 삼성 미국 지사에서 근무하다가 미군이 되어 이라크전과 아프가니스탄전에도 참전했다는 용감하고 당찬 한국의 딸이었다.

"몇 해 전 동생과 함께 한 달 동안 이곳에 와 프랑스길을 걸었어요. 8년간의 회사생활을 정리하고 미군 입대날짜를 받아놓은 상태였지요. 둘 다 초행길인 데다 자기주장이 강해서 좁은 마음끼리 많이도 부딪쳤어요. 그래서인지 정작 카미노의 기쁨은 누려보지도 못했어요. 그게 늘 아쉬움으로 남아 있었지요. 그러다 미군을 제대하고 물리치료사 대학원 과정을 준비하게

되면서 시간적, 경제적 한계에 부딪히게 되었어요. 간호학사 과정으로 진로를 변경해야 할지도 모르는 불안한 상태에서 슬럼프가 와 어디로든 떠나야 했어요. 그래서 다시 찾게 된 곳이 산티아고 길이었지요. 혼자 걸으며 생각하고, 또 다양한 사람들과 만나 이야기하면서 모호했던 것들이 분명해지더군요. 저는 천천히 답을 찾아가고 있어요."

그녀의 이야기를 듣다 보니 며칠 전 현희가 만났다는 '멋진 언니'가 바로 정숙을 말하는 것 같았다. '내가 꿈을 이루면 나는 다시 누군가의 꿈이 된다.'고 했다. 현희가 이루고자 하는 꿈을 이루어 낸 사람. 정숙이 바로 그 사람이었다. 임실이 고향이라는 그녀는 한국에 돌아와 부모님을 모시고 사는 게 꿈이라고 했다. 전주가 고향인 나와 정서가 비슷하고 통하는 데가 있어 많은 이야기를 나누었다.

포르토마린은 이제껏 본 중에서 가장 큰 강이 흐르는 아름다운 곳이었다. 정숙이 전에 와 봤다며 데리고 간 성당 앞 레스토랑에서 새우또르띠야와 오렌지주스를 시켰다. 레스토랑 앞 광장에는 고풍스러운 자동차들이 속속 들어오고 있었다. 자동차 경주라도 하는 걸까. 광장은 참가자들과 중세 유럽풍의 드레스를 입은 여자들과 구경꾼들로 북적여 마치 영화 세트장에 온 듯했다. 행사장에는 시니어들로 이루어진 관악대가 연주를 하기 위해 기다리고 있었는데, 그들은 우리가 그곳을 떠날 무렵에야 연주를 시작했다.

　포르토마린에서 두 시간여를 걸어 곤사르에 도착했다. 목축업을 주로 하는지 가축의 분뇨 냄새가 심했다. 로리가 예약해준 사립알베르게로 갔다. 더 걸을 예정이었던 정숙도 나와 함께 이곳에 머물겠다며 멈추었다. 먼저 도착한 로리는 나를 향해 '이곳이 마음에 안 들어. 어쩌지?'라고 말하듯 난감한 표정을 지어보였다. 열어둔 창문 사이로 냄새가 들어왔다. 다음 마을까지 좀 더 걸을 걸 그랬나. 하지만 하룻밤의 불편쯤이야 아무것도 아니라며 스스로를 다독였다.

　세탁과 드라이를 맡겼다. 어제 빨래를 한 터라 속옷과 셔츠만 손세탁하면 되는데 널어둘 곳이 마땅치 않았고, 설사 널어둔다 해도 가축 냄새가 밸 것이었다. 맥주를 마시며 정숙과 함께 다음날 일정을 짰다. 로리네는 19일에 산티아고에 입성할 예정이라고 했다. 나에겐 무리인 듯싶었지만 최선을 다해보기로 했다. 그렇지 않으면 피니스테라를 사흘 만에 걸어야 할 테니까. 한바탕 비가 쏟아졌다. 가축냄새가 침낭 속까지 파고들었다.

31일차 곤사르~멜리데
Gonzar ~ Melide 32km

새벽 5시. 밖은 비가 내리고 있었다. 자고 있는 사람들을 방해하지 않으려 정숙과 나는 까치발을 한 채 짐을 가지고 로비로 나왔다. 일찍 일어난 사람들이 로비에서 짐을 꾸리고 있었다. 어제 정숙이 세탁기 속에서 찾아낸 내 발가락양말 한 짝이 또 없어졌다. 침대로 가보니 바닥에 떨어져 있었다. 여분으로 가져온 양말 한 켤레는 어디서 없어졌는지 보이지 않은 지 오래다. 어쩌면 우리는 가진 것들을 하나씩 잃어버리기 위해 여행을 하는지도 모른다. 그리하여 속까지 텅텅 비우고 돌아오는 일, 그것이 여행의 목적인지도 모른다.

6시에 출발했는데, 비가 내리고 있어서인지 밖은 칠흑 같은 어둠속이었다. 헤드랜턴을 쓴 정숙이 앞장섰고, 나는 그 뒤를 따랐다. 어둠 속에서 화살표를 찾는 일은 맹인이 지팡이 없이 길을 찾는 일과도 같았다. 길을 잃고, 다시 돌아오고, 몇 번을 헤맨 끝에 길을 찾았다. 다음 마을까지 갔을 때, 그곳에서 하룻밤을 머물렀던 순례자들은 이제 막 길을 나서려고 채비를 하는 중이었다.

서서히 동이 터오고 있었다. 오래된 떡갈나무 숲이 이어졌다. 정숙과 앞서거니 뒤서거니 하면서 걸었다. 이럴 때 동행이 있다는 게 얼마나 다행인지! 첫 번째 바에 들러 빵과 카페콘레체로 아침식사를 했다. 따끈한 토르띠야를 먹고 싶었으나 너무 이른 시간이라 준비되지 않는다고 했다. 커피를 마시고 나니 힘이 솟는 것 같았다.

어제 야외 테이블에서 비를 맞으며 저녁식사를 함께한 독일인 울리에게 내가 레인메이커라고 했더니, 그 말을 입증이라도 하듯 종일 비가 내렸다.

축축한 갈리시아 지방의 날씨를 그대로 보여주었다. 하지만 그 덕분에 먼 거리를 걸을 수 있었다. 해가 쨍쨍했다면 지쳐서 오늘의 목표에 이르지 못했을 것이다. 목적지에 다가갈수록 순례자들이 거의 보이지 않았다. 궂은 날씨에 일찌감치 걸음을 멈추고 오늘의 순례를 마감한 모양이었다.

산티아고까지 55킬로미터가 남았다는 표지판이 보였다. 서울의 동쪽에서 서쪽을 가로지르는 올림픽대로를 한 시간만 달리면 되는 거리였다. 이제 사흘 후면 나는 산티아고대성당의 정오미사에 참석하게 될 것이다. 그런데 이 공허함은 뭘까. 목적지에 다가갈수록 걸음이 느려졌다. 할 수만 있다면 도착을 늦추고 싶었다. 목적지에 다가감으로써 목적지를 상실한다는 것. 향해야 할 곳을 잃어간다는 것이 마음에 구멍을 내는 것 같았다. 자신의 꿈을 이루기 위해 달려온 사람들이 마침내 꿈이 완성되었을 때 느끼는 허무함 같은 것인지도 모른다. 그곳에 도착하면, 나는 다시 새로운 목적지를 만들어야 할 것이다. 산 아래로 굴러 내려온 바위를 다시 산꼭대기까지 굴리는 일이 시시포스의 운명이듯, 목표에 도달하면 또 다른 목표를 설정하고 꿈을 만들어야 하는 것이 인간의 운명인지도 모른다.

누구나 저마다의 사연과 이유가 있다

팔라스 데 레이에서 일본 아가씨 아카네를 만났다. 카미노 초반에 종종 만나곤 했던 두 명의 일본 아가씨 중 하나였다. 그녀는 나를 보자 깜짝 놀라며 반가워했다. 내가 물었다.

"네 친구 사토미는 어디 있지?"

"그녀는 하루에 20킬로미터씩 걷고 있어요. 지금 이곳으로 오고 있는 중이에요."

아카네는 다리에 부상을 입어 버스로 이동하고 있다고 했다. 어차피 잘 걷지도 못할 텐데 친구를 기다리며 지체하는 이유가 뭘까 궁금했다. 어쩌면 그들은 산티아고에 빨리 닿는 것이 목적이 아니라 그곳에 함께 도달하는 것이 목적일지도 모른다. 누구나 저마다 다른 사연과 이유를 가지고 산티아고에 온다. 그 누구도 너는 왜 여기서 이러고 있느냐고 따질 수는 없는 일이었다.

마지막 남은 힘을 다해 멜리데에 도착할 무렵, 빗줄기가 굵어져 있었다. 날씨가 그 도시의 첫인상을 좌우한다. 종일 빗속을 걸어 지쳐 있었고, 우울했기에 멜리데는 멜랑콜리한 도시로 기억될 것이다. 마을 입구에서 홍보 전단지를 받은 호스텔 페레이로로 향했다. 망설일 것도 없었다. 어디라도 들어가 따뜻한 물로 샤워하고 지친 몸을 눕히고 싶었으므로. 가는 길에 유명한 뿔뽀 가게 앞을 지나게 되었다. 그 안에서 뿔뽀를 삶고 있던 남자가 정숙과 나를 불러 세우더니 막 삶아낸 뿔뽀를 한 조각씩 잘라 맛을 보게 했다. 소문대로 맛있었다. 잠시 후에 다시 오겠다 약속하고는 알베르게를 향해 걸음을 재촉했다.

비에 흠뻑 젖어 들어간 알베르게는 새 건물이라 깨끗했다. 투숙객도 많지 않았다. 화장실과 샤워실도 남녀가 구분되어 있었고, 무엇보다 따뜻했다. 샤워하고 빨래하고 드라이어에 넣어 옷을 말렸다. 잠시 쉰다고 누웠는데 깜박 잠이 들었던가보다. 눈을 떠보니 정숙이 보이지 않았다. 아래층에도 정숙은 없었다. 여직원에게 물으니 슈퍼마켓에 갔다고 했다. 그녀가 우산을 챙겨주었으나 사양하고, 우비만 입은 채 정숙을 찾아 나섰다. 가는 길에 정숙을 만나 함께 뽈뽀 집으로 갔다. 비가 와서인지 배도 고프고, 술 생각도 간절했다. 우리에게 시식을 하게 했던 남자가 알은체를 했다. 뽈뽀 한 접시와 갈리시안 스프, 틴토와인 한 병을 주문했다. 흰 사기잔에 와인을 따라 마시는 게 특이했다. 와인과 함께 먹는 따뜻한 스프와 뽈뽀는 고독하고 달콤한 여정의 맛이었다. 창밖은 여전히 비가 내리고 있었다.

당신의 뒷모습

순례길을 걷다 보면 대부분 누군가의 뒷모습을 바라보며 걷는다. 나 또한 뒤따라오는 누군가에게 뒷모습을 보여주며 걸었을 것이다. 뒷모습은 그 사람의 두 번째 얼굴이다. 뒷모습만 보고도 상대의 몸과 마음의 상태를 어느 정도 짐작할 수 있기 때문이다.

카미노 초기에는 연의 뒷모습을 카메라에 많이 담았고, 후반부에는 정숙의 뒷모습을 주로 담았다. 군인으로서의 절도가 몸에 밴 정숙의 뒷모습은 무더운 여름날 시원하게 퍼붓는 장대비 같았고, 제 키만큼이나 긴 우비를 걸치고 타박타박 걷는 연의 뒷모습은 가을비 같았다. 젖은 몸을 이끌고 여기까지 오느라 얼마나 축축했을까. 이 길을 함께 걷고 싶어 했던 후배의 청

을 뿌리치고 온 것도 어쩌면 초라한 뒷모습을 보여주고 싶지 않은 속내였
는지도 모른다.

　한국을 떠나기 전 옷장 정리를 하고, 냉장고 청소를 했다. 두 딸에게 유서
를 쓴 것도 그때였다. 만약 내가 집으로 돌아오지 못할 경우 어질러진 살림
살이나 옷장을 보이고 싶지 않았다. 혹시라도 내가 없는 사이에 누군가 집
에 들렀을 때 빨지 않은 속옷이 있다거나, 헝클어진 옷장을 보면 뒷모습이
깔끔하지 못한 사람으로 남아 있을 테니까.

32일차 멜리데~아르카 도 피노

Melide ~ Arca de Pino 33km

아르카 도 피노까지 걷는 길은 인내와 에너지를 필요로 하는 일이었다. 정숙이 앞서고, 나는 바닥에 조금밖에 남아 있지 않은 힘을 펌프질하듯 끌어올리며 걸었다. 전날 준비한 과일과 쿠키로 요기를 하며 걷는데, 주위 풍경을 즐기기보다는 빨리 걸어야겠다는 조급한 마음이 앞섰다. 자주 쉬지 못해 다리가 아팠다. 오르막에서는 내가, 내리막에서는 정숙이 힘들어했다.

정숙이 내가 다녔던 고등학교의 후배라는 사실을 오늘에야 알게 되었다. 얼마나 좁은 세상인가! 우리는 언젠가 만나도록 운명 지어진 길을 걷고 있었던 게 아닐까 하는 생각이 들었다. 나에 대한 호칭이 처음엔 선생님이었다가, 언니였다가, 선배님으로 바뀌자 정숙도 나도 훨씬 더 편안해졌다. 어제 오늘 그녀가 아니었다면 30킬로미터가 넘는 길을 걷는 일은 불가능했을 것이다. 산티아고에 도착하면 피니스테라까지는 좀 더 느긋하게 걷고 싶었다.

포르타 데 산티아고라는 알베르게에 도착했다. 지은 지 얼마 안 되는 최신식 건물이었다. 보통은 내부를 보여주지 않는데 먼저 보고 결정하라며 숙소 내부를 구석구석 구경시켜주었다. 체크인도 컴퓨터로 했다. 그동안의 작고 아담한 숙소와 비교되지 않을 만큼 크고 시설이 좋은 곳이었다. 창가에 있는 1,2층 침대를 정숙과 내가 쓰기로 했다. 이곳에서 세 명의 한국 청년을 만났다. 초중고 동창이라는 이들은 비용이 적게 들고 오래 할 수 있는 여행지를 찾다가 이 길을 걷게 되었다고 했다. 세 친구는 티격태격하면서도 의기투합해서 걷고 있었다. 주방이 있는 이곳에서 밥을 해먹기로 했다. 정숙이 감자, 양파, 맛살, 계란으로 또르띠야를 만들고, 나는 양상추, 토마

토, 양파, 올리브, 참치로 샐러드를 준비했다. 그리고 세 청년을 초대해 와인과 함께 이른 저녁을 먹었다. 건장한 청년들의 배를 불릴 만큼 충분한 음식은 아니었지만 영혼의 배를 채울 만큼은 되었다. 나눈다는 것은 상대뿐만 아니라 스스로를 기쁘게 하는 일이었다.

치즈, 올리브, 또르띠야, 보까디요, 카페콘레체, 체리, 그리고 와인…. 오늘까지 나를 걷게 해준 음식들이었다. 훗날 스페인을 떠올릴 때 많이 그리워하게 될 것 같았다. 저녁이 충분치 않았는지 정숙은 슈퍼마켓에서 간식거리를 사왔다. 나를 생각해서였는지도 모른다. 그녀는 비타민C 알약을 물에 타서 나에게 내밀었다. 고단한 하루를 걸어온 선배에게 주는 선물이었다.

산티아고까지 20킬로미터를 남겨두고 있었다. 정숙은 몇 년 전 이곳에 왔을 때 설레서 잠을 이룰 수가 없었다고 했다. 내일이면 산티아고에 도착한다고 생각하니 내가 걸어온 길이 꿈만 같았다. 겨우 한 달이 지났을 뿐인데 몇 달을 걸어온 것 같았다. 그럼에도 불구하고 설레기는커녕 담담하기만 했다. 오늘 길에 서 있던 어느 돌탑에 다음과 같은 팻말이 붙어 있었다.

'Myra Brennan Nee(52세, 네덜란드)가 2003년 6월 24일 산티아고 데 콤 포스텔라에서 그녀의 두 번째 카미노를 마치고 잠을 자다가 평화롭게 삶을 마감하다.'

걷기를 마치고 잠을 자다가 평화롭게 삶을 마감하는 일은 누구에게나 오 는 행운은 아닐 것이다. 어쩌면 그녀는 세상에서 가장 편안하고 행복한 죽 음을 맞이한 사람인지도 모른다는 생각이 들었다.

33일차 아르카 도 피노~산티아고 데 콤포스텔라

Arca de Pino ~ Santiago de Compostela 20km

오전 5시 30분, 정숙과 함께 알베르게를 나섰다. 산티아고대성당에서의 정오미사에 참석하려면 서둘러야 했다. 비가 내리고 있었다. 사방이 어두워서 분간이 안 되는 길을 헤드랜턴에 의지해 찾아나갔다. 모두가 잠든 새벽에 두 남자가 건물 벽에 기대어 서 있었다. 순간 온몸이 얼어붙었다. '산티아고를 20킬로미터 앞두고 노상강도에게 참변을 당한 여성 순례자'라는 신문의 헤드라인 기사와 거리에 쓰러져 있는 여자들 사진이 머리를 스쳤다. 스틱을 잡은 두 손에 단단히 힘을 주었다. 여차하면 스틱이 호신용 무기로 돌변할 태세였다. 잔뜩 긴장했으나 그들 앞을 지나칠 때 일부러 허리를 꼿꼿이 펴고 당당하게 걸었다. 그들은 정숙과 나를 한번 흘깃거리긴 했으나 아무 일도 없었다. 후유, 등에서 식은땀이 났다. 다리가 후들거렸다. 비 내리는 새벽 도대체 그들은 거기서 무얼 하고 서 있었던 걸까.

곧 마을을 벗어나 울창한 숲으로 들어섰다. 키가 장대같이 큰 유칼립투스 나무들이 유령처럼 우리를 내려다보며 서 있었다. 숲의 정령들이 수군대는 소리를 들은 것도 같았다. 금방이라도 누군가가 튀어나와 머리끄덩이를 잡아챌 것만 같았다. 한번 놀란 터라 무서운 생각은 사라지지 않았다. 부슬비 내리는 숲속에 웬 과일 가판대가 놓여 있었다. 누군가 순례자들을 위해 준비한 과일일까. 아무것도 먹지 못하고 출발한 터라 해골물이라 해도 먹었을 것이다. 정숙과 나는 바나나를 한 개씩 떼어 먹고 1유로를 기부금함에 넣었다. 빈속에 뭔가가 들어가니 긴장으로 오그라든 몸이 조금 풀리는 것 같았다. 비가 계속 내리고 있어서 주변이 좀처럼 밝아지지 않았다. 노란색 화살표도 보이지 않고, 앞에도 뒤에도 순례자는 보이지 않았다. 직감을 따

라 걸을 뿐이었다.

숲을 벗어나자 마을이 나왔다. 이른 아침이라 아무도 없었다. 갑자기 어느 집의 거실 불이 켜지고 사람의 그림자가 어른거렸다. 대문을 두드리고 길을 물으려 하자 곧바로 불이 꺼지고 사람의 그림자도 사라졌다. 막막했다. 그렇다고 멈출 수는 없는 일. 길이라고 생각되는 곳을 향해 걸었다.

"혹시 우리가 거꾸로 가는 건 아닐까."

정숙에게 말했다. 하지만 틀렸다는 확신이 없었기 때문에 계속 걸어야 했다. 잠시 후 굴다리가 나타나더니 불 켜진 바가 보였다. 제대로 온 거였다. 그제야 마음이 놓였다. 두려움이 의심을 낳고, 의심이 불안을 낳는다. 불안은 마음을 갉아먹고 판단을 흐리게 하여 일을 그르치게도 한다. 세상에서 우리가 걱정하는 일이 일어날 확률은 4퍼센트도 되지 않는다고 한다. 이른 아침 내가 느꼈던 두려움은 마음의 장난이었을 것이다. 매번 속지 말자고 다짐하면서 다시 속고 말았다.

산티아고대성당에서 정오미사를

산티아고로 향하는 순례자들의 물결이 길어지고 있었다. 몬테 데 고조의 언덕에서 산티아고 시내를 내려다보았다. 멀리서 보는 산티아고는 여느 도시와 다를 것 없는 평범한 도시로 보였다. 저곳에 당도하기 위해 한 달이 넘도록 쉼 없이 걸어왔다. 내 앞으로 한 순례자 커플이 손을 꼭 잡은 채 걷고 있었다. 감격의 순간을 함께 할 그들이 한편으로는 부러웠지만, 나는 그 순간을 혼자서 누리고 싶은 욕심이 더 컸다.

산티아고 데 콤포스텔라는 생각했던 것보다 훨씬 더 큰 도시였다. 자동차와 신호등, 여행자들로 도로가 혼잡했다. 도시의 초입에서 산티아고대성당까지 걸어가는데 30분 이상이 걸렸다. 정숙은 돌아가는 버스표를 예매해야 한다며 나와 헤어졌다. 혼자서 대성당을 향해 걷다가 수녀가 되겠다던 보람이를 만났다. 보람은 며칠 전 도착해서 피니스테라까지 다녀왔다고 했다. 11시에 대성당 앞에서 한교 씨 부부를 만나기로 했다며 함께 대성당으로 가자고 했다.

모퉁이를 돌자 산티아고대성당이었다. 산티아고 데 콤포스텔라, 별들의 들판에 마침내 당도한 것이다. 대성당 앞에 서자 나도 모르게 눈물이 쏟아졌다. 보람이 엄마뻘 되는 나를 안아주었다.

"그동안 많이 힘드셨지요?"

성당 앞 광장에는 순례를 마친 사람들이 삼삼오오 모여 있었다. 대성당을 배경으로 기념사진을 찍기도 하고, 배낭을 맨 채 서로 얼싸안고 춤을 추기도 했다. 어떤 이는 배낭을 베개 삼아 대성당을 정면으로 바라보며 누워 있기도 했다. 성당이 마주보이는 기둥에 기대어 선 채 조용히 눈물을 흘리는

사람도 있었다. 모두가 자기만의 의식을 치러내고 있었다.

'엄마 딸이 800킬로미터를 한 발 한 발 걸어 산티아고까지 왔어요. 감사해요!'

나는 대성당이 마주보이는 난간에 앉아 어머니에게 메시지를 보냈다. 하염없이 눈물이 흘렀다. 그동안 걸어온 여정이 힘들어서가 아니라, 한 발 한 발 걸어 다다른 오늘이 너무 아름다워서였다. 두 발로 걸으며 내가 보고 들은 것들, 가슴으로 느낀 것들이 파노라마처럼 지나갔다. 감사하고 감사했다. 내가 지금 여기에 서 있을 수 있어서, 지금 이 순간 살아 숨 쉬고 있는 것이 나여서 기뻤다.

정오미사까지는 아직 시간이 남아 있었다. 그 길로 성당 뒤쪽에 있는 순례자사무실로 갔다. 순례자들이 줄을 서서 기다리는 동안 그곳에서 자원봉사를 하는 노년의 부인이 나에게 어디서 출발했느냐, 얼마나 걸렸느냐, 정말 장하다 라며 격려의 말을 건넸다. 내 차례가 되었다. 수없이 많은 스탬프가 찍힌 순례자여권을 제시하자 라틴어로 쓰인 순례자증명서를 발급해주었다. 나는 순례자증명서를 가슴에 꼭 안았다. 그것은 여기까지 포기하

지 않고 걸어온 나 자신에게 주는 상이나 다름없었다.

다시 성당 앞으로 돌아와 방금 도착한 로리네 가족을 만났다. 우리는 서로 얼싸안고 우리가 이루어낸 눈부신 여정을 축하했다. 카미노의 처음부터 끝까지 가장 자주 만나고, 내가 아플 때 보살펴주며 가깝게 지내던 가족이었다. 로리의 말처럼 우리는 같은 길을 걸으며 어느덧 진정한 카미노 가족이 되어 있었다. 언제 어디서 다시 만날지 모르겠지만 카미노 가족이 되어 길 위에서 함께 했던 날들은 우리 삶에서 가장 아름다운 시간 중 하나로 기억될 것이었다. 로리네는 순례자사무실로 향하고, 나는 정오미사를 보려고 성당 안으로 들어갔다.

성당 안은 앉을 자리는커녕 발 디딜 데 없이 붐볐다. 하는 수 없이 구석에 서서 미사에 참여해야 했다. 미사가 시작되기 전 나이 지긋한 수녀님이 나와서 몇 곡의 성가를 가르쳐주었는데, 그 중 귀에 익은 노래가 있었다. 영화 「타이타닉」에서 배가 침몰하는 마지막 순간에 연주된 곡이기도 한 '내 주를 가까이 하려 함은…'이었다. 이 노래를 한 달 여의 순례가 끝나는 날 산티아고대성당에서 듣고 있으려니 만감이 교차했다. 순례자들의 이름 대신 순례자들의 나라가 호명되고 있었다. 영화나 책에서 보았던 것처럼 커다란 향로가 연기를 내뿜으며 공중에서 날아오르는 순간을 기대했으나, 향로의식은 매주 금요일 저녁 7시 미사에서만 한다고 했다. 완벽하기를 바

라는 건 욕심이다. 성당 중간쯤에 보람과 함께 앉아 있었던 한교 씨 부부는
미사 후 내 손을 꼭 잡고 반가워했다.

나는 틀리지 않았어

성당 앞에서 기다리고 있던 정숙과 함께 알베르게로 가는 도중 키가 껑충
큰 한국 청년 재환을 만났다. 그는 산티아고대성당 앞에 도착하자 머릿속
이 하얘지면서 멘붕이 왔다고 했다.

"이젠 뭘 하지?"

일단 하루를 쉬면서 생각하라며 정숙과 내가 머무는 숙소로 그를 데려왔
다. 그와 함께 숙소 앞에 있는 카페에서 츄로스와 커피로 점심을 먹었다.

"나는 틀리지 않아."

산티아고까지 걸어오며 그가 스스로에게 되풀이해서 한 말이라 했다.

"보통 사람들과 다른 행동을 하면 사람들은 내가 틀렸다고 생각거나 이
상하다고 생각해요. 술 마시기 싫어도 어울려야 하고, 좋지 않은데 좋다고
말해야 하지요. 사회생활을 하면서 그런 것들이 나를 몹시 불편하게 했어
요. 그래서 떠나온 여행이에요."

내가 말했다.

"좋고 나쁜 것은 없어요. 옳고 그른 것도 없고, 우린 다를 뿐이에요. 꽃들도 제각각 다르지만 크면 큰 대로, 작으면 작은 대로 저마다의 색깔로 꽃을 피워내잖아요. 꽃 색깔이 다르다 해서 그 누구도 꽃이 틀렸다고 하지 않아요. 우리도 마찬가지예요. 자신의 색깔대로 우리 앞의 생을 살아낼 뿐, 그 누구도 내 삶의 방식에 옳고 그름의 잣대를 들이댈 수는 없는 일이에요."

알베르게 주방에서 정숙과 나는 수제비와 샐러드를 만들어 재환을 초대했다. 감자와 양파, 고춧가루를 넣은 수제비는 얼큰했다. 산티아고 입성을 자축하는 와인도 빠뜨리지 않았다. 재환은 맛있는 저녁을 먹여준 보답으로 아이스크림을 사겠다고 했다. 나는 정숙과 재환, 같은 또래의 두 청춘에게 시간을 주고 싶었으나 정숙이 정색하며 손사래를 치는 바람에 함께 갔다.

34일차 산티아고 데 콤포스텔라~네그레이라

Santiago de Compostela ~ Negreira 21km

피니스테라, 세상의 끝을 향해 걷다

다시 걷기 시작했다. 산티아고에서 89킬로미터 서쪽으로 피니스테라, 세상의 끝을 향해서이다. 옆 침대의 외국 청년들은 밤새 위아래 층에서 번갈아가며 코를 골더니 우리가 떠날 때까지도 잠에서 깨지 않았다. 그들은 카미노에 마침표를 찍었으므로 느지막이 기지개를 켜며 일어날 것이다. 늦잠을 잔 적이 언제였던가. 그들이 부러웠다.

야고보의 무덤이 산티아고 데 콤포스텔라에서 발견되었을 때부터 유럽과 스페인의 순례자들은 갈리시아의 서쪽 끝, 대서양이 있는 코스타 다 모르테(Costa da Morte '죽음의 해안'이라는 뜻)까지 순례를 계속했다. 중세의 사람들에게 그곳은 육지, 즉 유럽 대륙의 끝이었고 하늘의 은하수와 만나는 땅의 끝이었다. 이러한 이유로 그들은 상징적이고 신비로운 이곳을 피스테라(Fisterra), 혹은 피니스테라(Finisterre)라고 불렀다. 또한 이곳은 기원전 2세기에 로마인들이 바다로 사라지는 거대한 태양을 보고 태양신전을 세워 다산과 태양의 믿음에 대한 의식을 치렀던 장소이기도 했다.

가로등 불빛이 희미한 산티아고를 빠져나오며 아직 나에게 걸어야 할 날들이 남아 있다는 게 다행이라고 생각했다. 완성해야 할 무언가가 남아 있다는 것은 살아 있어야 하는 명백한 이유가 될 테니까. 세상의 끝을 향해 다시 발을 내딛는 나의 카미노는 아직 미완성이었다. 서쪽을 향해 걷다가 뒤돌아보니 산티아고대성당을 배경으로 아침노을이 붉었다.

오늘부턴 혼자 걸으리라 마음먹고 정숙을 앞질러 걸었다. 헤어지면 기다리지 말고 각자 걷자고 말도 해둔 터였다. 그러나 나의 다짐은 오래 가지 못했다. 갈래 길이 나왔는데 어디로 가야 할지 몰랐다. 어쩔 수 없이 정숙을 기다려야 했다. 그녀가 왔을 때 나는 붉은 화살표의 반대 방향인 산길로 가는 게 맞는 것 같다고 우겼다. 정숙은 말없이 나를 따라왔다. 산길은 사람이 많이 다닌 길 같지 않았다.

"이 길이 아닌가봐."

뒤돌아섰다. 길이 아닌 줄 알면서도 군소리 한마디 없이 따라오는 정숙 때문에 피식 웃고 말았다. 그녀가 그림자 같다고 생각했다. 그림자는 저를 내세우지 않는다. 길 아닌 길도 따라나서고, 내가 되돌아서면 불평 한마디 없이 되돌아서서 따라오는 그림자. 정숙은 그런 사람이었다.

찻길을 조금 걷다 보니 카미노 표시와 노란색 화살표가 있었다. 앞서거니 뒤서거니 하다가 두 시간이 지나서야 바를 발견했다. 그곳에서 아침식

사를 했다. 산티아고를 떠날 땐 아무도 없는 이른 시간이었는데 어디서 나타났는지 순례자들이 속속 바 안으로 들어오고 있었다. 산티아고까지 걸어온 순례자 중 10분의 1 정도가 피니스테라까지 걷는다고 했다. 생장에서 산티아고까지 800킬로미터 여정의 압축과도 같은 곳이어서, 이 구간만 걷는 순례자들도 있었다. 그러나 대부분 자신의 자리로 돌아가야 한다는 착잡한 심경이, 닳아빠진 신발 밑창의 구멍을 보고야 말겠다는 다짐이 그들을 세상 끝으로 이끌고 있는지도 모른다는 생각이 들었다. 어쩌면 그들이 보고 싶은 것은 자신의 바닥인지도 몰랐다. 긴장이 풀린 탓인지 발바닥도 많이 아프고, 쉽게 지쳤다.

안도라에서 온 카를라

뒤따라오는 정숙의 옆에 외국 아가씨가 함께 걷고 있었다. 안도라에서 온 카를라라고 했다. 안도라는 스페인 북부와 프랑스 남부에 걸친 피레네 산이 있는 작은 나라로, 인구가 8만밖에 안 된다고 했다. 그녀를 만나지 않았다면 유럽에 안도라라는 나라가 있는 줄도 몰랐을 것이다. 예쁘고 당찬 28살의 카를라는 호스피스 병동에서 간호사로 일하며 공부를 계속해서 박사학위까지 취득했다고 했다. 우리 셋은 이야기를 나누며 네그레이라까지 함께 걸었다.

네그레이라에 도착하자마자 기다렸다는 듯이 비가 쏟아졌다. 엘 카르멘이라는 알베르게에 체크인을 하고는 바로 옆에 있는 슈퍼마켓에서 와인과 먹을거리를 샀다. 초등학교 아이들이 줄지어 어딘가를 가고 있었다. 숙소의 거실에서 와인과 빵, 체리, 땅콩으로 점심식사를 했다. 한참 후 카를라도 우리 테이블에 합류했다. 등산을 좋아한다는 그녀는 피레네 산을 등정한 사진을 보여주었다. 활달하고 열심히 사는 카를라를 보며 그녀와 동갑내기인 딸아이가 생각났다.

정숙이 사온 체리와 올리브에 와인을 마셨다. 밖은 아직도 비가 내리고 있었다. 오랜만에 여유를 즐기며 내가 쓴 시 「시베리아 횡단열차」를 읽어주었다.

모스크바에서 블라디보스토크까지

꼬박 엿새가 걸린다는 시베리아 횡단열차에

당신과 마주앉아 여행하는 꿈을 꾸네 그것은

새벽 네 시의 별똥별처럼 차갑고 아름다운 약속

처음 만난 우리는 서먹하게 인사를 나누고

차창 속으로 비치는 서로를 훔쳐보다가 말문을 트겠지

나는 당신 눈 속에 고독하게 들어앉은 여자를 시샘해서

종일 해바라기 씨를 우물거리는 옆자리의 러시아 사내와

보드카를 나눠 마시기도 하겠네

가도 가도 끝이 보이지 않는 땅, 기차가 멈출 때마다

뚱뚱한 러시아 여인들이 내미는 갓 구운 흑빵을 사고

밤이면 설원 위로 쏟아지는 별들을 졸린 눈으로 구경하다가

슬리핑백의 지퍼를 올려주는 당신에게 눈인사를 하고

해가 뜨면 부스스한 얼굴로 일어나 안녕?

칸칸마다 들어찬 숨소리와 냄새에 익숙해질 무렵

기차는 이르쿠츠크에 당도하겠지

우리는 기차에서 내려 손을 잡고

세상에서 가장 깊고 차갑고 푸른 바이칼 호수에 사는

반투명 물고기 골로미얀카를 보러 가야지

호수에 몸을 담그면 우리도 투명해질지 몰라

당신은 내 속을 훤히 들여다보고, 나는 당신의… 큭큭

그것은 꿈결처럼 아득하고 달콤하기만 한 일이어서

마치 저 세상의 일인 듯 느껴지네

어쩌면 그곳은 우리가 시작된 곳

내 아버지의 아버지가, 당신 어머니의 어머니가 살았던 곳

어느 생에서 자작나무와 한 송이 눈으로 만났을지도 모르는

당신과 나는 횡단열차의 낡은 의자에 앉아

덜컹거리며 생의 허리를 가로지르겠네

종착역은 가까워오고 우린 여전히 서로를 모르는 채

35일차 네그레이라~올베이로아
Negreira ~ Olveiroa 33km

빗방울이 지친 어깨를 안마해주네

아름다운 아치문을 지나 네그레이라를 빠져나왔다. 산길에 올라서서 뒤돌아본 마을은 푸른 안개에 싸여 있었다. 구름과 안개에 싸인 집과 성당과 산은 마치 영화 속에서나 나옴직한 분위기를 자아내고 있었다.

"제가 늦잠 자길 잘했죠? 이른 아침에 나왔으면 못 봤을 풍경이에요."

"빗방울이 지친 어깨를 안마해주네요."

정숙은 길 위에서 시인이 되어가고 있었다. 물기를 머금은 새들의 노랫소리는 청명하고 아름다웠다. 풀벌레소리와 산짐승 소리도 싱그러웠다. 비에 젖은 풍경들을 카메라에 담느라 나는 걸음이 느려졌다. 두 개의 산을 넘었다. 유칼립투스나무 숲길을 걸을 때 유칼립투스나무의 향기가 코끝에 와 닿았다. 떡갈나무 숲, 밤나무 숲…. 숲은 제각각 다른 향기를 지니고 있었다. 감자꽃이 하나둘 피어나고 있었다. 알싸한 감자꽃 향기에 대해 얘기하다가, 감자의 씨알은 언제 맺는지에 대한 논쟁이 일기도 했다. 감자꽃이 피기 전? 핀 후? 이론상으로 보면 감자꽃이 피고 난 후 열매를 맺을 것 같은

데, 정숙은 꽃이 피기 전에 열매를 맺을지도 모른다는 새로운 이론을 내놓았다. 카미노가 그녀를 창의적인 사람으로 만들어가고 있음에 틀림없었다.

유기견과 함께 걷다

언제부턴가, 어디서부턴가 덩치가 나보다 큰 셰퍼드가 내 뒤를 따르고 있었다. 나는 정숙보다 한참을 뒤처져 있었고, 내 앞에는 두 명의 여자 순례자가 나란히 걷고 있었다. 나는 몹시 지쳐 있었으나 그들로부터 떨어지지 않으려고 바짝 따라붙었다. 비를 맞았는지 개는 흠뻑 젖어 있었고, 오랫동안 씻지 않은 듯 더러웠다. 배가 고픈 것 같기도 했다. 사람을 보고 짖거나 공격하지는 않으나 슬금슬금 따라오는 것이 불안했다. 파울로 코엘료의 『순례자』에 등장하는 개가 생각났다. 카미노에서 한두 번은 만나게 된다는 사나운 개를 드디어 만나게 되나 싶었다. 저놈이 갑자기 뒤에서 나를 공격하면 어떡하지? 나는 스틱을 잡은 손에 힘을 주었다. 그러다 걸음을 빨리해서 내 앞의 여자들을 앞질렀다. 혹시 공격을 한다 해도 난 두 번째이겠

거니 하는 약삭빠른 속셈이었다. 그
러나 우려했던 것과 달리 개는 그 누
구도 공격하지 않고 따라오기만 했
다. 아니 공격할 힘조차 없어 보였다.

　제 몸 하나 건사하기도 힘들어 보이는 개는 따라오기를 멈추지 않았다.
차츰 무서운 마음보다 측은한 마음이 들기 시작했다. 누군가에게 버림받은
채 지치고 낯선 순례자를 따라가는 생. 초췌한 모습은 저나 나나 크게 다를
것이 없었다. 그러자 개가 한 마리 무서운 짐승이 아니라 오래된 친구처럼
느껴졌다. 고단하고 쓸쓸한 길을 누군가 함께 걷고 있다는 생각에 든든한
마음까지 들었다.

　함께 걷기 시작한 지 30, 40분쯤 되었을까. 마침내 길가에 있는 바 앞에
서 멈추었다. 개는 차마 그 안으로 들어가지 못하고 주변을 어슬렁거렸다.
차들이 쌩쌩 달렸다. 그러다가 로드킬을 당하지 않을까 걱정스러웠다. 야
외 테이블에서 보까디요를 먹고 있던 여자가 빵과 하몽을 뜯어 개에게 던
져주었다. 배가 얼마나 고팠는지 개는 빵조각과 고기조각을 허겁지겁 주워

먹었다. 나도 먹고 있던 머핀을 손으로 떼어 던져주었다. 그때 바에서 주인이 나오더니 개에게 먹을 것을 주지 말라고 했다. 그러면 버릇이 돼서 자꾸만 오게 된다며. 좀 돌봐주면 안 되나? 어차피 이곳은 순례자들이 지나가는 길목이니 그들이 던져주는 먹이만으로도 개 한 마리는 충분히 먹여 살릴 수 있을 텐데. 주인이 보지 않는 틈을 타서 또 빵조각을 던져주었다. 저를 향해 빵조각을 던지는 손길에도 개는 깜짝깜짝 놀라며 몸을 피했다. 학대받다가 버림받은 개임에 틀림없었다. 나는 결국 녀석을 한번도 쓰다듬어주지 못한 채 그 자리를 떠나야 했다. 개는 더 이상 따라오지 않았다.

따로 살면서 함께하는 데수리 부부

비가 그치지도 않았는데 해가 나왔다. 우리 뒤에서 짐도 없이 가볍게 걷는 커플이 있었다. 마치 동네 산책을 나온 듯, 조깅을 하러 나온 듯 가벼운 옷차림이었다. 그들과 말문을 텄다. 여자는 덴마크에서 온 데수리, 남자는 스페인 사람인 에두아르도라고 했다.

"우린 작년 이맘때 자전거 카미노를 하다가 만나 커플이 되었어요. 1주년 기념으로 산티아고에서 피니스테라까지 걷는 중이에요."

그들은 지난해 각자 순례길에 올랐다가 까리온 데 로스콘데스에서 데수리의 자전거가 고장 나, 그곳을 지나던 에두아르도의 도움을 받게 되면서 가까워졌다고 했다. 에두아르도는 바르셀로나에서 엔지니어로 일하고, 데수리는 발렌시아의 와인회사에서 일하고 있었다.

"그럼 떨어져 사는 거야?"

"따로 살면서 함께하기(Living apart together)지요."

우리 식으로 말하자면 주말부부인데, 그들은 이러한 방식의 결혼생활을 당연하게 여기고 있었다. 데수리는 전 남편과 사별했는데 그에게서 얻은 자녀가 둘이고, 사별한 남편의 자식이 셋이나 있어서 모두 다섯 자녀를 두었다고 했다. 에두아르도에게는 두 아이가 있다고 했다. 모두 합해 7명의 자녀를 둔 그들은 대가족이라며 새로운 가족 관계를 자랑스러워했다. 우리와 달리 서양 사람들의 혈연에 대한 의식은 너무도 단순하고 쿨해서 때로 당혹스럽기까지 했다. 달콤한 여행의 방해꾼이 되고 싶지 않아 그들을 앞세워 보냈다. 그들은 손을 잡고 걷다가 때때로 멈춰 서서 입맞춤을 하기도 했다.

한 걸음도 더 걸을 수 없을 만큼 기진맥진해져서야 올베이로아에 도착했다. 알베르게 오레이오라는 곳에 머물게 되었는데, 오레이오는 스페인식 창고를 의미한다고 했다. 주로 옥수수와 감자 등 곡물을 저장하는 창고로, 돌로 된 기둥 위에 세워져 있는데 쥐들이 올라가지 못하게 하느라 높은 곳에 세운다고 했다. 걷다 보면 이런 창고들이 거의 모든 마을, 모든 집에 있었는데 그 건축 양식이 참으로 다양했다. 나무나 벽돌로 만들어진 창고의 양쪽 끝에는 십자가 모양이 세워져 있기도 했다. 이곳 갈리시아 지방은 비바람이 많아서인지 대부분 돌로 만들어져 있었다. 창고의 규모와 건축 양식이 그 지방의 생활방식이나 빈부의 차이를 말해주고 있었다.

레인메이커와 페이스메이커

레인메이커와 페이스메이커의 행군이 계속되고 있었다. 나는 비를 부르는 사람. 빗속에서 내 걸음이 느려지면, 정숙은 속도를 조절해가며 걷기를 조금도 늦추지 않았다. 그러지 않고서야 30킬로미터가 넘는 거리를 어떻게 하루에 걸을 수 있었을까. 정숙이 아니었다면 나는 숲속 어딘가에 철퍼덕 주저앉았을지도 모른다. 나의 마지막 걸음을 그녀가 끌어주고 있는 셈이었다. 마지막 날인 내일은 온전히 혼자 걷는 길이 될 것이었다. 정숙은 묵시야를 향해서, 나는 피니스테라를 향해서 헤어져 걸을 예정이었기 때문이다. 나는 영미가 추천한 피니스테라의 알베르게에 예약을 해두고 배낭도 미리 보내기로 했다. 그러니 내일은 정말, 달팽이 걸음으로 걸어도 된다. 혼자서 천천히 걷다가 눈에 보이는 모든 바에 들러 카페콘레체를 마시고 또르띠야를 먹고, 내추럴 오렌지주스도 시켜먹을 것이다. 늦은 저녁에 도착하면 어떠랴. 내일은 카미노의 마지막 일정이 될 테니까, 한 발 한 발 아껴가며 걸을 것이다.

피니스테라나 묵시야에 갈 사람 모두가 이 알베르게에 모인 것 같았다. 세상의 끝을 보고자 하는 이들이 모인 이곳은 마치 축제 전야 같았다. 들떠 있지만 가라앉은, 그래서 더욱 진지하고 숙연했다. 나는 알베르게 입구에 놓인 낡고 닳아빠진 신발들과 빨랫줄에 걸린 빛바랜 옷들을 오래도록 바라보았다.

36일차 올베이로아~피니스테라
Olveiroa ~ Finisterre 39km

첫 번째 바에서 함께 아침식사를 한 후 묵시야와 피니스테라로 향하는 갈림길에서 정숙과 헤어졌다. 우비를 망토처럼 휘날리며 안개 속으로 사라지는 그녀의 뒷모습을 보이지 않을 때까지 바라보았다. 그녀와 함께 걸었던 지난 엿새가 주마등처럼 스쳐지나갔다. 나는 다시 혼자가 되었다.

짙은 안개 속 산길을 세 시간 동안 걸었다. 앞도 뒤도 보이지 않는 산길이었다. 세상의 끝을 향해 가는 길은 멀고 아득했다. 삶의 종착역을 향해 가는 마음이 이러할까. 그 많던 사람들은 모두 어디로 간 걸까. 가슴이 먹먹해졌다. 그때 안개 속에서 희미한 사람의 형체가 나타났다. 누군가가 이쪽을 향해 걸어오고 있는 것이었다. 반가운 마음보다 무서운 생각이 먼저 들었다. 혹시 나를 해치진 않을까. 다행히도 그는 배낭을 멘 순례자였다. 피니스테라에서 출발해서 거꾸로 오는 중이라고 했다. 그제야 마음이 놓였다.

얼마쯤 걷다가 커피와 비스킷을 놓고 순례자들을 맞이하는 사람을 만났다. 나는 커피와 비스킷을 먹으며 그에게 말을 걸었다. 다른 순례자는 이미 지나갔고, 그와 나 둘만이 산속에 있었다. 마음을 잘못 먹으면 얼마든지 나를 해칠 수도 있는 상황이었다. 나는 생장에서 시작해서 36일째 걷고 있으며, 오늘이 마지막 날이라고 시키지도 않은 말을 주절거렸다. 혹시라도 다른 꿍꿍이가 있을지도 모르는 그를 달래기 위하여. 스스로를 안심시키기 위하여. 그리고는 1유로를 기부하고 그곳을 떠났다. 나를 무사히 보내준 데 대한 보답으로는 너무 적은 돈이었다. 나에게 아직도 무서운 게 남아 있다니. 언제쯤이면 사람에 대한 두려움을 완전히 내려놓을 수 있을까. 어쩌면 내가 두려워하는 대상은 타인이 아니라 내 안의 믿지 못하는 나일지도

모른다는 생각이 들었다.

갈수록 안개가 자욱해졌다. 비까지 내려 산길이 미끄러웠다. 배낭과 스틱을 미리 보낸 터라 몸은 가벼웠으나 조심스럽게 걸어야 했다. 방심했을 때가 가장 위험한 법이므로. 아프리카의 어느 부족은 개울을 건널 때 무거운 돌을 이고 건넌다고 한다. 급류에 휩쓸리지 않기 위해서다. 나를 여기까지 걷게 한 것도 무게중심을 잡아주던 배낭과 몸을 의지하고 걷던 스틱이었다. 그리고 길 위에서 만난 사람들이었다.

다시 돌아가 걸어야 할 날들을 생각했다. 안개 같은 날들이 계속된다 할지라도 나는 살아낼 것이다. 사람만큼 두려운 존재도 없지만 사람만큼 위로가 되는 존재도 없다는 것을 길 위에서 배웠으므로. 나의 부족함이 오히려 나를 지탱하는 힘이 될 거라는 것을 깨닫게 되었으므로. 길을 잃으면 마음의 화살표를 따라가라고, 노란색 화살표가 말해주었다.

어느 산짐승이 산길에 김이 모락모락 나는 똥을 싸놓았다. 짐승의 배설물조차도 이곳에서는 반갑기만 했다.

안개 속에서 길을 잃다

코르쿠비온에서 노란 화살표를 잃었다. 사람들에게 물어물어 피니스테라 가는 길로 들어섰을 때 배낭을 멘 스페인 부부를 만났다. 바르셀로나 근처에서 온 순례자들이었다. 부인은 다리에 문제가 있는지 더디게 걸었다. 가파른 오르막에서 남편은 아내의 손과 내 손을 잡아주었다. 그는 아내가 걸음이 느리니 나에게 먼저 가라고 했다. 걷다가 길을 잃으면 곧 따라 갈 테니 그 자리에서 기다리라고도 말해주었다. 그들의 너그러움을 돈으로 살 수만 있다면 사고 싶었다.

그들을 앞서가다가 기어이 길을 잃고 말았다. 노란색 화살표가 있어야 할 곳에 빨간색 화살표가 있었다. 바다 쪽이 아니라 산길을 향해있어서 고개를 갸웃했지만 화살표를 따라갔다. 유칼립투스 냄새가 코끝을 간질였다. 산길에 커다란 물웅덩이가 있었다. 물웅덩이 속으로 키 큰 유칼립투스나무들이 서 있었다. 물그림자를 들여다보는데, 깊이를 알 수 없는 웅덩이 속으로 빨려 들어갈 것 같아 무서웠다. 그곳은 또 다른 세계로 들어가는 비밀문처럼 보였다. 걸음을 빨리했다. 그러나 가도 가도 표지석은 나타나지 않았다. 이쯤에서 나와야 할 노란 화살표도 보이지 않았다. 사람은커녕 짐승의 그림자도 보이지 않았다. 2킬로미터쯤 가서야 돌아섰다. 만일 이 길이 맞는다면 뒤따라오는 스페인 부부를 만나게 될 것이다. 그들을 만나지 않는다면 내가 길을 잘못 든 것이다. 예의 그 물웅덩이 속을 들여다보지 않으려고 고개를 돌리고 걸었다. 길을 잘못 들었던 곳까지 왔을 때 한 남자 순례자가 그쪽이 아니라고 두 손으로 X자를 만들어 보이면서 반대쪽을 가리켰다.

그가 가리키는 방향으로 조금 내려가니 노란색 화살표와 카미노 표지석이 서 있었다. 결국 왕복 4킬로미터를 잘못 걸은 셈이었다. 바다 쪽으로 가라는 마음의 소리를 외면한 결과였다. 마음의 화살표를 따르겠다고 작심한 지 불과 몇 시간도 안 되어 일어난 일이었다.

우비 밖으로는 빗방울들이 떨어지고, 우비 속으로는 습기가 차서 몸이 다 젖었다. 추웠다. 뜨거운 욕조 속에 몸을 담그고 싶었다. 따뜻하고 보송보송한 이불이 그리웠다. 대여섯 시간째 혼자 걷고 있는 중이었다. 걷기를 멈추고 아무 곳이나 따뜻한 방을 찾아 들어가고 싶었다. 하지만 피니스테라의 알베르게에 예약을 한 상태였고, 배낭을 먼저 보냈기 때문에 끝까지 걸어야 했다. 사람이 그리웠다. 마침내 온전히 혼자가 되었는데, 마음은 허물어지고 있었다. 나에게 길을 알려준 사람과 잠시 동행했다. 그는 영어를 못하고 나는 스페인어를 못하지만, 마음이 얼어붙었을 땐 누군가가 곁에 있는 것만으로도 큰 위로가 된다는 것을 알게 되었다.

그와 헤어져 산길을 걷다가 찻길을 걷다가 했다. 바다가 보이는 레스토랑에 들어가 오렌지주스와 치즈, 토마토를 넣은 보까디요를 시켰다. 레스토랑 내부는 따뜻하고 안락했다. 연회장인 듯 핑크색 레이스로 장식된 식탁마다 세팅이 되어 있었다. 누구를 위한 식탁일까. 어두운 객석에서 조명이 환하게 밝혀진 무대를 보고 있는 것 같았다. 따뜻한 국물을 마시고 싶었다. 무엇보다도 사람의 온기를 느끼고 싶었다. 나를 안아주며 따뜻하게 말을 건네줄 사람. 여기까지 혼자 걸어오느라 힘들었지? 이리로 와서 편히 쉬렴. 고단한 몸을 누이렴. 웨이터가 주문한 음식을 가져왔을 때, 나는 다시 현실로 돌아왔다.

다시 안개 자욱한 산길로 들어왔다. 갑자기 요의를 느꼈다. 그때 거짓말처럼 안개 속에서 교회의 첨탑이 보였다. 다가가 보니 교회는 잠겨 있었다.

하는 수 없이 건물 뒤쪽으로 가서 볼일을 보고 나오는데 교회 앞에서 웬 남
녀와 맞닥뜨렸다. 인적 없는 산길에 느닷없이 나타난 사람들을 보며 서로
놀랐다. 다음 순간 그들이 어제 만난 데수리와 에두아르도 커플이라는 것
을 알았다. 그들도 이내 나를 알아보고는 웃으며 사진을 찍어달라고 했다.
교회를 배경으로 서로의 사진을 찍어주었다. 그들은 이 길을 뛰어왔으니
계속 뛰겠다며 안개 속으로 달려갔다. 나는 다시 혼자가 되었다. 빗속에서
풀벌레 소리가 유난히 크게 들렸다.

　피니스테라에 가까워지면서 빗속을 걷고 있는 가족을 만났다. 6개월 된
아기를 등에 업고 걷는 부부와 그들의 어머니였다. 혼자 걷기도 힘든 길을
아기를 업고 걷다니! 레온에서 그들 가족을 스치듯 만난 적이 있었다. 오늘
은 할머니가 아기를 업고 있었다. 아기는 궂은 날씨 따위는 아랑곳하지 않
은 채 할머니 등에 업혀서 방긋방긋 웃고 있었다. 아기의 웃음이 젖은 마음
을 말려주었다.

　길 위에서 다양한 순례자들을 만났다. 자전거 뒤에 카트를 달아 아이들을

태우고 자전거 순례를 하는 부부, 개와 함께 걷는 순례자, 할머니와 함께 걷는 손녀딸, 75세의 나이에 혼자 순례의 길에 나선 데이비드…. 그들은 이모든 불편을 감수하며 순례를 하고 있었다. 오히려 불편을 즐거움으로 되돌리는 사람들이었다. 그런 사람들을 만날 때마다 나의 고정관념도 하나둘씩 무너져갔다.

피니스테라에서 만난 사람들

알베르게 카보 다 빌라는 길가에 있어 쉽게 찾을 수 있었다. 아침식사를 포함해서 12유로면 괜찮은 가격이었다. 로비는 쾌적했고 여주인은 친절했다. 침대에 누우면 갈매기 소리와 파도 소리가 들렸다. 무엇보다 주방에서 굽고 있는 빵 냄새는 배고픔을 참을 수 없게 했다.

샤워 후 빨래를 맡기고 로비로 나오니 낯선 한국 아가씨가 나를 반겼다. 독일에서 온 은경이라고 했다. 일러스트를 공부하느라 6년 동안 프랑크푸르트에서 지냈다고 한다. 마흔 살이 넘었다는데 머리가 짧아서인지 그보다 훨씬 어려 보였다. 그녀는 한국에 10년째 사귀고 있는 남자친구가 있다고 했다. 유학 간 여자친구를 6년째 기다려주는 남자라니! 어떤 사람일지 궁금했다.

길을 잃은 것까지 보태서 거의 40킬로미터를 걸었다. 카미노 마지막 날 가장 먼 길을 걸은 셈이었다. 아픈 다리를 주무르며 침대에 누워 쉬다가 동네 구경도 할 겸 나섰다. 공립알베르게에 들러 산티아고~피니스테라 순례자증명서를 발급받았다. 순례자여권에 '참 잘했어요'라고 한국어로 쓰인 스탬프를 찍어주었다. 한국인 순례자들을 배려한 센스 있는 스탬프에 웃음이 나왔다.

바다가 내려다보이는 바에서 맥주 한 잔을 시켜놓고 일기를 쓰고 있을 때, 아르카 도 피노에서 만난 세 명의 한국 아가씨들이 지나가다 알은체를 했다. 그들을 불러서 맥주와 오렌지주스를 사주었다. 그들은 길 위에서 만나 끝까지 동행하게 되었다고 한다. 눈이 작고 귀엽게 생긴 대학생 솔아는 대학에서 아랍어를 전공하는데 휴학해서 왔고, 다른 친구는 어릴 때부터 캐나다에서 살았다고 한다. 제일 나이가 많아 보이는 아가씨는 가톨릭 신자인데 산티아고에 오기 위해 1년 전에 직장을 그만두었다고 한다. 라바날의 수도원에서 며칠 묵으며 지낸 날들을 잊을 수 없을 거라고 했다. 그들은 나에게 피니스테라 지도 한 장을 얻어다주고는 떠났다. 나는 맥주 한 잔을 더 시켰다.

은경이 지나가다가 나를 보고 들어왔다. 그녀는 샌들에 롱스커트 차림으로 3킬로미터를 걸어 등대가 있는 곳까지 다녀왔다고 했다. 맥주를 권했으나 술은 못한다며 사양했다. 대신 자기에게 컵라면이 두 개 있으니 알베르게로 돌아가 함께 먹자고 했다. 그녀를 따라 숙소로 돌아왔다. 라면을 먹으며 은경이 말했다.

"저는 내일 묵시아까지 걸을 예정인데 함께 가실래요?"

"그러고 싶지만 내일 이곳에서 친구들을 만나기로 했어요."

"그냥 훅 하고 사라지는 것도 재미있잖아요."

나는 그녀의 말이 재밌어서 큰소리로 웃었다. 묵시아에 가고 싶긴 했지만 나를 만나러 이곳에 오기로 한 연과 정숙을 저버릴 수가 없었다. 현희랑 명기도 내일 이곳으로 오겠다고 했다. 명기는 한국에서 카미노를 준비하다가 카미노 인터넷 카페 오프라인 모임에서 만나 알게 된 대학생이었다. 카미노 시작부터 계속 길이 엇갈려 한번도 만나지 못한 명기를 마지막 날 피니스테라에서 보게 되다니! 은경은 며칠 전 걷다가 연을 만났다고 했다. 내가 아는 사람들을 어딘가에서 그녀가 만나고, 헤어지곤 했다. 그들은 어느 길에선가 나를 만났다며 내 이야기도 나누었을까.

늦은 저녁 로비에서 일기를 쓰고 있을 때 한 아가씨가 나에게 말을 걸어왔다. 낮에 만난 아가씨였다. 피니스테라 초입에서였다. 갑자기 어느 집에서 앳된 외국 아가씨가 달려 나오더니 나에게 숙소를 정했느냐고 물었다. 이미 예약을 했다고 했더니 알았다며 두 말 않고 들어가 버렸다. 그때 호객을 하던 사람이 바로 그녀였다. 혹시라도 무안해 할까봐 모르는 척하고 있었는데, 먼저 말을 걸어온 것이다. 독일에서 온 파비올라라고 했다. 그녀는 고등학생인데, 무슨 사연인지 지금은 이곳에서 아르바이트로 일을 하고 있다고 했다. 태권도 유단자이고 한글을 조금 배웠는데 지금은 다 잊었다고 했다. 나는 그녀의 이름을 한글로 써서 보여주었다. 다음날 그녀는 태권도의 '도' 자를 우리말로 문신하고 싶다며 한글로 써줄 수 있겠느냐고 물었다. 그녀는 '도(道)'의 여러 가지 한자 의미를 알고 있었다. 나는 그녀의 몸에 새기게 될 '도'가 그녀에게 길을 찾아주기를 바라는 마음으로 정성껏 써주었다.

0,00 K.M.

37일차 피니스테라
Finisterre

늦잠을 자고 싶었는데 5시에 눈이 떠졌다. 은경도 일찍 일어나 떠날 채비를 하고 있었다. 침대에 누워 말똥거리다가 그녀를 배웅하려고 일어났다. 주방에는 아침식사가 준비되어 있었다. 어제 주방에서 굽던 식빵이 아침으로 나왔다. 은경과 함께 토스트에 카페콘레체, 갓 짜낸 오렌지주스를 먹었다. 오랜만에 먹어보는 부드러운 빵이었다. 실내에는 '알함브라 궁전'의 기타 선율이 흐르고 있었다. 얼마 만에 누려보는 여유로운 아침인지. 은경에게 내 전화번호와 이메일을 적어서 건넸다.

"서울에 오거든 전화해요. 건강 조심하고."

은경을 떠나보내고 나도 길을 나섰다. 카미노의 마침표를 찍기 위해서였다. 등대까지는 3킬로미터라고 했다. 바닷가에는 덩치 큰 갈매기들이 끼룩거리고, 정박해놓은 배들이 물결 따라 흔들리고 있었다. 어시장으로 보이는 건물은 닫혀 있었다. 홍합을 사서 오후에 올 친구들을 위해 요리하고 싶었는데, 일요일에는 어시장이 열리지 않는다고 했다. 해안가를 따라 걸었다. 어느 지점에서 길이 멈춰 있었다. 다시 올라가 찻길을 따라 걸었다. 산책객인 듯한, 며칠 쉬어가는 순례자인 듯한 사람들이 눈에 띄었다. 자동차들이 바람을 일으키며 지나갔다. 왼쪽으로 쪽빛 바다가 끝없이 펼쳐지고 있었다. 대서양이었다.

걷다가 뒤돌아보니 내가 하룻밤을 지낸 마을 전경이 한눈에 들어왔다. 색색의 집들이 조화로운 풍경이 되고 있었다. 올라가는 길에 순례자 철 동상이 서 있고, 멀리 등대가 보였다. 등대에 닿기 전 '0.00km'라고 쓰인 카미노 표지석이 서 있었다. 피니스테라. 스페인의 서쪽 끝. 세상의 끝이라고

불리는 곳이었다. 새 한 마리가 표지석 위에 앉아 있다가 바다 쪽으로 날아
갔다. 풀숲에서 갈색 토끼 한 마리가 나와 주위를 두리번거렸다. 표지석 뒤
쪽으로 커다란 등대가 서 있고, 왼쪽으로는 눈 시리도록 푸른 바다가 펼쳐
져 있었다. 바다 저편으로 산과 작은 도시들이 점점이 박혀 있었다.

0.00km 지점, 나는 세상의 끝에 서 있었다. 더 이상 갈 데 없는 발들이 여
기에 멈추어 있었다. 땅 끄트머리의 끄트머리, 한 남자가 바위에 서서 그를
삼킬 듯 파도치는 바다를 내려다보고 있었다. 아슬아슬했다. 걸어온 길을
등지고 그는 오래오래 그곳에 서 있었다. 이제 어떡하나 궁리하듯. 더 나아
질 것 없는 삶일지라도 돌아서서 가야 한다고, 다시 살아내라고, 파도와 갈
매기들이 돌아서지지 않는 발들을 밀어내고 있었다.

나는 가져온 위시백을 열었다. 그리고는 가족과 친구들의 소망이 적힌 종
이를 펼쳤다. 36일 동안 나와 함께 걸어온 소망이었다. 햇볕 쨍쨍한 날에
도, 비 내리는 날에도, 바람 부는 날에도 그들은 나와 함께 걸었다. 나는 소
리 내어 그들의 소망을 읽어 내려갔다. 그리고는 바위틈에 종이와 위시백
을 내려놓고 성냥을 그었다. 바람이 불어 자꾸만 불을 꺼트렸다. 몇 번의
시도 끝에 마침내 한줄기 불길이 솟아올랐다. 그들의 소망이, 나의 소망이
재가 되어 하늘로 날아오르고 있었다. 나는 하늘을 올려다보다가 돌아섰
다. 그리고는 왔던 길을 향해 한 발을 내딛었다. 이제 다시 시작이다.

1,700킬로미터를 걸어온 트루디

점심을 먹고 로비에서 빈둥거리고 있을 때 트루디가 알베르게 앞을 지나가고 있었다. 나는 달려 나가 그녀를 맞이했다.

"어서 와, 트루디! 여긴 정말 괜찮은 알베르게야."

그녀는 나에게 낚여 들어왔다. 나는 그녀를 위해 민트 차와 쿠키를 내놓았다.

"난 차가 아니라 와인이 필요해. 프랑스에서 여기까지 1,700킬로미터를 걸어왔다구!"

비가 추적추적 내리던 며칠 전 어느 바에서 만난 그녀는 네덜란드에서 왔다며 먼저 손을 내밀었다. 활기와 유머가 넘치는 여자였다. 52살인 그녀는 간호사인데, 이렇게 긴 휴가는 생애 처음이라고 했다. 담배를 피우러 알베르게 밖으로 나갔던 그녀가 엽서 한 장을 들고 들어왔다. 이곳에 머물던 친구가 남기고 간 거라며 보여주었다. 거기엔 다음과 같이 쓰여 있었다.

트루디에게, 우린 친구를 만나러 묵시야로 떠나. 너랑 이야기하며 걸어서 아주 좋았어. 72일 동안이나 걷다니, 넌 정말 놀라운 사람이야! 등대에서 멋진 시간 보내길. 특별한 순간이 될 거야. - 데비&펫

마지막 만찬

얼마 안 있어 정숙이 도착했다. 묵시야에서 이곳까지 걸어온 것이었다.

그녀는 오자마자 자동판매기에서 콜라 한 병을 뽑더니 벌컥벌컥 마셨다. 마지막 한 걸음이 얼마나 힘들었을지 짐작이 갔다. 그녀는 이곳으로 오는 길에 들른 바에서 은경을 만났다고 했다. 차 한 잔을 같이 마신 후 은경은 묵시야로, 정숙은 피니스테라로 왔다. 이 지구상의 사람들이 잠시잠깐 만나서 엮이고, 사랑하고, 미워하다 헤어지는 것을 누군가 저 위에서 웃으며 내려다보고 있을 것 같았다.

연과 현희, 명기는 올 시간이 지났는데도 나타나지 않았다. 서로 일정이 맞지 않아 산티아고에서 만나지 못한 연은 이곳까지 버스를 타고 오기로 했다. 정숙과 나는 그들을 직접 찾아 나서기로 했다. 버스정류장을 향해 가는데, 갑자기 카페에서 뛰어나오는 사람이 있었다. 현희였다.

"연 선생님이랑 같은 버스를 타고 왔어요. 호텔을 잡는다고 다른 곳으로 가시던데요."

무슨 소리지? 내가 방을 예약해두겠다는 내용과 알베르게 이름을 카톡 메시지로 보냈는데 못 본 걸까? 나는 즉시 버스정류장 쪽으로 갔다. 그리고 근처 호텔마다 찾아가 연의 이름을 대고 물었다. 그러나 그녀는 어디에도 없었다. 이 작은 마을에서 도대체 어디로 간 걸까. 결국 그녀를 찾지 못하고 숙소로 돌아오는데 저 앞에서 배낭을 짊어진 채 털레털레 걸어오는 사람이 있었다. 연이었다. 우리는 십 년 만에 해후한 사람들처럼 얼싸안고 기뻐했다. 연은 내 메시지를 읽지 못했다고 한다. 먼저 호텔을 잡아놓고 나를 찾아보려고 했단다. 그녀를 데리고 내가 묵는 알베르게로 왔다. 현희는 나중에 올 명기 일행과 함께 1층 도미토리움에 머물기로 하고, 나는 연과 정숙과 함께 예약해둔 침대 세 개짜리 방으로 올라갔다. 꼭대기 층에 있는 너른 방이었다. 그것은 무사히 카미노를 마친 우리를 위한 선물이었다.

나는 주방으로 내려와 아침에 장봐온 것들로 점심 겸 저녁을 준비했다. 밥을 하고, 찌개를 안치고, 샐러드를 만들었다. 대장정을 축하하는 와인도 준비했다. 식탁이 다 차려질 때까지도 명기는 오지 않았다. 결국 연과 정숙, 현희와 나, 이렇게 넷이서 식사를 했다. 카미노의 마지막 날, 우리는 할 이야기가 정말 많았다.

패기만만한 모험가, 명기

뒤늦게 명기가 스페인 커플과 한국 친구와 함께 나타났다. 까맣게 그을린 명기는 여전히 씩씩했다. 명기만큼 모험적인 카미노를 한 사람도 없을 것이다. 하루는 어느 마을에서 마라톤대회가 열리고 있었단다. 좋은 기회다 싶어 그는 일정을 하루 미루고 마라톤에 참가했다. 한 번은 친구가 되어 함께 걷던 스페인 커플의 집에 가서 사흘을 놀다 오기도 했다. 어느 날은 높은 다리 난간에서 강으로 뛰어내렸다. 수영을 못한다고 했더니 스페인 친구들이 괜찮다며 뛰어내리라고 했단다. 친구들을 믿고 뛰어내렸다. 그런데 너무 깊이 빠져서 친구들은 그를 구하느라 시간이 걸렸고, 그 바람에 물을 많이 먹어 조금만 늦었더라면 큰일 날 뻔했단다. 그의 좌충우돌 여정은 아슬아슬하고 흥미진진했지만, 내가 만일 명기의 엄마였다면 몇 번이고 가슴을 쓸어내렸을 일이었다. 그가 말했다.

"다른 사람들은 이곳에 무언가를 버리러 온다는데, 저는 그들이 버린 것들을 줍고 있어요. 옷도, 스틱도, 심지어는 그들의 생각조차도요."

그는 카미노가 끝나고도 1년 동안 여행을 계속하다가, 이듬해 브라질 월

드컵까지 보고 귀국하겠다고 했다. 이 여행을 위해 휴학하고 1년 동안 아르바이트를 해서 돈을 모았다고 했다. 도전과 모험을 통해 자신을 단련시키고 생각을 확장시켜나가는 청년이 대한의 아들이라는 게 대견하고 자랑스러웠다.

세상의 끝에서 일몰을 보다

저녁 무렵 일몰을 보기 위해 바다로 갔다. 땅 끝까지 걸어온 순례자들은 와인을 한 병씩 들고 바닷가에 자리를 잡았다. 먼저 온 갈매기들은 순례자들에게 자리를 내주었고, 산책 나온 개들은 바닷가를 뛰어다니며 파도와 술래잡기를 했다. 하늘과 구름과 바다가 서서히 포도주 빛으로 물들었다. 적색 바다에 상처 난 발을 적시며 걷는 사람, 노을을 바라보며 우두커니 서 있는 사람, 껴안고 입 맞추는 사람…. 모두들 먼 길 걸어오느라 수고했다고, 바다가 안아주었다. 태양은 바다와 모래 위에 붉은 빛을 아낌없이 퍼부었다. 와인을 마시지 않아도 우리는 취했고 행복했다. 태양이 수평선에 닿을 무렵 구름이 태양을 가렸다. 모습을 감춘 태양은 곧 바다 저편으로 사라졌다. 진정으로 아름다운 것은 마음으로 보는 것이라고 말하듯, 몇 조각의 붉은 구름을 서쪽 하늘에 띄워놓고 떠나갔다. 사람들의 모습도 어둠 속에 묻히기 시작했다. 우리가 걸어온 발자국들도 어둠 속에 묻혀갔다.

지금 여기,
산티아고

38일차 피니스테라~산티아고 데 콤포스텔라
Finisterre ~ Santiago de Compostela

버스를 타고 다시 산티아고로

피니스테라에서 만난 친구들과 작별하고 정숙과 함께 버스에 올랐다. 묵시야로 간다는 연이 손을 흔들어 작별인사를 할 때 다시는 못 만날 사람처럼 가슴이 먹먹했다. 한 달 열흘 만에 버스를 타니 식은땀이 나고 심장이 불규칙하게 뛰었다. 900킬로미터를 걸어온 두 다리와 몸뚱이, 정신이 일시에 균형을 잃고 휘청거렸다. 걷는 속도에 맞추어 느리게 흐르던 풍경들이 영화 속처럼 휙휙 지나갔다. 어지럽고 멀미가 났다. 바퀴의 흔들림이 속을 뒤집어놓았다. 당장 이 무서운 속도를 멈추고 버스에서 내리고 싶었다.

두 눈을 꼭 감았다. 다시 느리게 걷는 시간 속으로 돌아가고 싶었다. 아침이면 달팽이들이 마중 나오던 들길로, 비에 젖은 유칼립투스나무 숲으로, 카페콘레체와 토르띠야로 아침식사를 하던 환하게 불 켜진 바로, 아이들의 웃음소리가 들리던 시골 마을로 돌아가고 싶었다. 산티아고로 돌아오는 버스는 멀미 때문에 고통스러웠지만 36일간의 카미노를 되감는 시간이었다.

걸어서 사흘 걸린 거리를 버스는 두 시간 만에 산티아고까지 데려다주었다. 버스에서 내리니 살 것 같았다. 기념품 가게들 앞에 놓인 산티아고케

이크와 쿠키, 와인과 치즈를 구경하고 시식도 하며 문명 속으로 돌아온 것을 실감했다. 정숙과 나는 산티아고대성당 앞으로 갔다. 며칠 전 이곳에 도착했을 땐 정신이 없어 제대로 찍은 사진이 없기 때문이기도 했지만, 무엇보다 이곳에 도착하는 순례자들의 표정을 보고 싶었다. 모두들 정오미사에 참석중인지 순례자들은 거의 눈에 띄지 않고 관광객들만 보였다.

며칠 전 머물렀던 알베르게 '더 라스트 스탬프'에 짐을 풀고 대성당 근처를 어슬렁거리며 가족과 친구들에게 줄 기념품들을 구경했다. 스페인에서 가져가고 싶은 게 있다면 단연코 와인과 올리브, 그리고 치즈였다. 카미노 내내 혀를 즐겁게 해준 음식들이기에 더욱 그럴 것이었다.

정숙과 함께 대성당 뒤편에 있는 스페니시 스시라고도 불리는 타파스 식당으로 갔다. 몇 가지의 해물 타파스를 시키고 그녀는 알바리뇨 한 잔을, 나는 맥주 한 잔을 놓고 마주앉았다. 그녀와 함께 걸어온 며칠이 몇 달은 된 것 같았다. 그녀는 미국으로 돌아가 하던 공부를 계속하게 될 테고, 나는 한국으로 돌아가 처음부터 다시 시작해야 할 것이다. 지구 반대편에서 우리는 모르는 사람처럼 살아가겠지만, 삶에 지친 어느 날 문득 우리가 함께 걸었던 길과 함께 나누었던 이야기들을 떠올리며 힘을 얻게 될 것이다.

숙소로 돌아오는 길. 정숙은 다음날 새벽 산티아고공항으로 떠나는 나를 위해 숙소에서 공항버스 타는 곳까지 미리 답사를 해주고 지름길을 알려주었다.

39일차 산티아고 데 콤포스텔라~바르셀로나

Santiago de Compostela ~ Barcelona

잡담을 나누는 일이 긴급 상황

새벽 5시. 정숙을 깨우지 않으려 조용히 움직였다. 준비를 다하고 작은 쪽지를 정숙의 침대와 침낭 사이에 끼워놓았다. 나가려 할 때 그녀가 일어나 숙소 앞까지 나를 배웅해주었다.

불과 대여섯 시간 전만 해도 사람들로 와글거리던 골목이 오래된 수도원처럼 조용했다. 가로등만이 골목길을 환하게 비추고 있었다. 다시금 이 길을 걸어 내려가 순례의 길을 떠나고 싶다는 생각이 들었다. 걷다가 동쪽 하늘이 붉게 물드는 풍경을 보고, 숲의 생명들이 잠에서 깨어나는 소리를 듣고 싶었다. 하지만 이제 일상으로 돌아가 내 앞의 생을 살아내야 한다고, 그것이 나에게는 새로운 순례의 길이 될 거라고 스스로를 다독였다.

어제 정숙이 알려준 지름길로 내려오니 10분도 안 되어 공항버스 정류장이 나왔다. 순례길에 몇 번 마주친 적 있는 독일 모녀가 버스를 기다리고 있었다. 그들은 바르셀로나에서 일주일을 보낼 거라고 했다. 두 모녀와 나는 달빛 가득한 새벽 거리에 서서 우리가 걸어온 길들을 이야기했다. 우리 앞으로 자동차 한 대가 지나가다가 옆 차의 운전자와 이야기하기 위해 길 한가운데에 멈춰 섰다. 새벽이라 차량들이 거의 없었지만 뒤따라오는 차라도 있었다면 두 차 때문에 꼼짝없이 멈춰 선 채 기다려야 할 판이었다. 독일 딸이 말했다.

"스페인 사람들이 저래요. 뒤따라오는 차가 있어도 비상등을 켠 채 멈춰서서 이야기하거든요. 한번은 걷다가 그런 차를 만났어요. 대여섯 대의 차들이 그 차 때문에 한참이나 서서 기다려야 했어요. 순례자들도 길을 건너지 못하고 기다려야 했지요. 알베르게에서도 이른 아침부터 일어나 떠드는 사람은 대부분 스페인 사람 아니면 이탈리아 사람이었어요."

"스페인에서는 잡담을 나누는 일이 긴급 상황인가 봐."

내 말에 두 모녀는 소리 내어 웃었다.

공항버스에서 소민을 만났다. 부르고스의 알베르게에서 처음 그녀를 만났는데, 몹시 어려 보여 처음엔 대학생인 줄 알았다. 그런데 네 살짜리 딸을 둔 엄마라며, 딸을 시어머니에게 맡기고 왔다고 했다. 그녀는 부르고스에서 내가 건넨 몇 알의 체리를 기억하고 있었다. 버스를 타고 가는 동안 그녀는 남편과 딸 사진을 보여주었다. 포르투갈에서 나흘 동안 머물고 귀국할 거라 했다. 그녀는 이담엔 꼭 남편과 딸과 함께 오고 싶다며 말했다.

"힘들 땐 모르겠던데, 아름다운 풍경들을 만나면 가족이 제일 먼저 떠오르더군요."

비행기에서 만난 여자아이

산티아고공항에서 바르셀로나 행 비행기에 탑승할 때였다. 복도 쪽 좌석에 먼저 자리 잡고 앉은 내 옆으로 한국인으로 보이는 여자아이가 다가왔다. 예닐곱 살쯤 되어보였다. 아이는 스페인 중년부부와 남자아이와 일행이었다. 여자아이는 창가 쪽 좌석에 앉고 아이와 나 사이에 부인이 앉았다. 부부와 같은 피부색을 가진 남자아이는 남자와 함께 우리 앞줄에 앉았다. 피부색이 같아서였을까. 여자아이는 나와 자주 눈을 마주쳤고, 그때마다 수줍게 웃었다. 나도 마음이 자꾸만 아이 쪽으로 쏠렸다. 보이지 않는 끈이 아이와 나를 끌어당기고 있는 것 같았다. 아이에게 말을 걸고 싶었으나 무뚱뚱한 부인이 우리 사이를 가로막고 있었다. 비행기가 이륙할 무렵 아이는 가슴에 두 손을 모으고는 부인에게 스페인어로 말을 했다. 알아들을 순 없었지만 아이의 행동과 표정으로 보아 무섭고 떨린다고 말하는 것 같았다. 부인이 아이의 손을 잡아주었다.

잠시 후 부인은 여행일정을 꺼내 점검하고 있었다. 나는 몇 번인가 말을 붙여보려 했으나 그녀는 영어를 알아듣지 못했다. 여자아이는 앞좌석의 남자아이를 "마리오"라고 불렀고, 둘은 좌석 사이로 장난을 치기도 했다. 어느덧 비행기가 바르셀로나공항에 착륙했다. 사람들이 자리에서 일어나자 여자아이는 나에게 손을 흔들어 "바이바이" 하고 인사를 했다. 그제야 나는 아이에게 이름을 물었다. "나라니"라는 답이 돌아왔다. 나라니? 나란희? 통로를 걸어 나올 때 나는 아이에게 한 손을 내밀었다. 아이는 나에게 선뜻 작은 손을 내주었다. 잠시 동안 우리는 손을 꼭 잡고 걸었다. 서양 이름 같기도 하고 우리말 이름 같기도 한 이름을 나는 몇 번이나 불러주었다. 수하물을 찾으러 가는 무빙워크에서도 란희는 제 이름이 불릴 때마다 나를 올려다보며 웃었다. 말은 통하지 않았지만 둘 사이에 따뜻한 전류가 흐르고 있었음을 아이와 나만이 알고 있었다. 나는 손목에 차고 있던 터키석 팔찌를 몇 번이나 만지작거렸다. 딸의 남자친구가 선물해준 것으로, 40여 일 동안 나를 보호해준 수호석 같은 팔찌였다. 팔찌를 풀어 아이의 손목에 채워주며 우리말로 이렇게 말해주고 싶었다.

'이 팔찌가 이제부턴 너를 보호해줄 거야.'

내가 주저하며 머뭇거리는 동안 먼저 짐을 찾은 아이가 나를 향해 손을 흔들며 나폴나폴 떠나갔다. 끝내 아이에게 주지 못한 모국어와 팔찌가 혀 끝에, 손목에 남아 있었다.

40일차 바르셀로나
Barcelona

소피 이야기

한국으로 돌아가기 전 며칠 동안 바르셀로나를 돌아볼 예정이었던 나는 긴장이 풀린 탓인지 900킬로미터의 행군에도 끄떡 않던 체력이 바닥나고 말았다. 카미노하우스의 한국인 여주인 소피는 나를 정성껏 간호하며 먹을 것을 만들어주고 말동무가 되어 주었다. 그 덕분에 소피가 해주는 음식을 먹으며 그들 부부의 인연에 대해 듣게 되었다.

이혼 후 뉴질랜드에서 작은 카페를 운영하며 그럭저럭 터전을 닦아가고 있던 어느 날 소피가 살던 지역에 대지진이 일어났다. 무너져 내린 집 더미 속에서 그녀가 건진 건 몇 벌의 옷가지와 신발, 호주머니에 있던 몇 푼의 돈이 전부였다. 그녀가 할 수 있는 일은 아무것도 없었다. 또다시 좌절한 채 한국으로 돌아가고 싶은 마음은 조금도 없었다. 그녀는 쫓기듯 도망쳐 나와 친구가 있는 캄보디아로 갔다.

그곳 공항에서 우연히 프랑스 남자 마누를 만나게 되었는데, 그 역시 허름한 옷차림에 슬리퍼를 끌고 있었다. 컴퓨터프로그래머인 그가 일하던 아이티에 쓰나미가 덮쳤고 그는 재난을 피해 캄보디아에 오게 되었다고 했다. 공항에서 시내까지 버스를 타고 이동하는 대여섯 시간 동안 그들은 쉬지 않고 이야기했다. 둘 다 힘든 시기를 지나고 있다는 동병상련이었을 것이다. 그러나 마누는 쓰나미를 겪었으면서도 절망적이지 않았다.

"산티아고 도보순례를 떠나봐. 길 위에서 자신과 대면하고, 네 안의 소리에 귀를 기울여봐. 답을 찾을 수 있을 거야."

소피의 이야기에 공감하고 안타까워해주던 마누가 말했다. 엄청난 재난을 겪었으면서도 삶을 긍정하는 그의 비밀이 산티아고에 있는 건 아닐까.

그녀는 며칠을 생각하다가 순례길에 오르기로 결심했다.

한국에서 뉴질랜드로, 캄보디아에서 또다시 쫓기듯 스페인에 도착한 소피는 아무런 준비 없이 끝도 없는 길을 걷고 또 걸었다. 남들은 몇 달씩 준비하는 순례길이라고 했지만 그녀에게는 변변한 배낭 하나 없었다. 이혼과 대지진, 어떤 게 더 고통스러운 것인지 계산도 되지 않았다. 바르셀로나 뒷골목에서 사 입은 싸구려 바지와 8유로를 주고 산 담요 한 장, 그리고 낡은 운동화 한 켤레가 전부였다. 수십 킬로미터를 걷고 녹초가 되어 도착한 숙소에서 소피는 사람들의 코 고는 소리도 들리지 않을 만큼 고단했지만 정작 그녀를 잠들지 못하게 하는 것은 담요 한 장으로 해결되지 않는 추위와 막막한 불안이었다.

마누는 왜 내게 이 길을 걸으라고 한 것일까. 그는 이 길에서 무엇을 얻었을까. 이 길을 다 걷고 나면 마누처럼 나도 삶을 긍정하고 다시 살아갈 용기를 얻을 수 있을까. 길 위에서 소피는 자꾸만 마누가 생각났다. 버스 좌석에 나란히 몸을 붙이고 앉아 대화를 나눌 때 느껴지던 그의 따뜻한 체온이 그리웠다. 순례여행이 끝나면 만나고 싶다고, 소피는 용기를 내어 마누에게 전화를 했다. 그러나 마누의 반응은 냉담했다. 혹시라도 기대하게 될까봐 염려해서인지 자신은 철저한 독신주의자라며 분명하게 선을 그었다.

거절당했지만 소피는 자존심이 상하거나 부끄럽지 않았다. 오히려 그를 이해했고 그럴수록 마누가 힘이 되었다. 그녀는 혼자 걷는 동안 마누와 이야기했고, 인터넷이 되는 숙소에 머물 때마다 오늘은 어디까지 걸었고, 누구를 만났으며, 어떤 대화를 했는지 그에게 이메일을 보냈다. 답이 없어도 상관없었다. 마누에게 편지를 써야 했으므로 걸었고, 그에게 들려줄 이야기가 있는 것만으로도 온종일 걸어야 할 충분한 이유가 되었다.

순례길은 누구에게나 멀고 외로운 길이었다. 사람들은 길에서 만나 사랑하기도 했고, 다시 헤어져 혼자가 되기도 했다. 하루는 다리가 아파 걷는 것을 포기하고 길 위에 누워 잠든 적이 있었다. 누군가 그녀를 깨웠다. 오스트리아에서 온 헬무트라고 자신을 소개한 남자는 비상약을 꺼내 그녀의 아픈 다리를 치료해주고, 붕대를 감아주었다. 그리고 그녀와 속도를 맞춰 천천히 함께 걸어주었다. 처음으로 함께 걷는 친구가 생기자 소피도 모처럼 웃고 이야기할 수 있었다. 며칠 함께 걷다 보니 그가 이성으로 가까워지고 싶어 한다는 것을 알게 되었다. 잠시 흔들렸지만 그럴수록 그녀의 가슴에는 오직 한 사람, 마누의 존재가 더욱 크게 자리하고 있다는 것을 확인시켜줄 뿐이었다.

길이 거의 끝나가고 있었다. 소피는 마누에게 전화를 했다. 마지막으로 목소리만이라도 듣고 싶었다. 그의 목소리를 들으면 다시 살아갈 수 있을 것 같았다.

"네 여행이 끝나는 날 마드리드로 널 보러 갈게."

마누가 말했다. 소피는 자신의 귀를 의심했다.

"네가 보낸 메일들이 내 마음을 바꿔놓았어."

마드리드에서 만난 마누가 말했다. 그 후 마누와 소피는 한국과 런던을 오가며 사랑을 키웠다. 마누는 더 이상 시간을 낭비하지 말자고 말했고 살고 싶은 도시가 어디냐고 물었다.

"바르셀로나"

그녀는 주저 없이 대답했고 마누는 그녀를 위해 일자리를 옮겼다. 소피는 마누를 위해 할 줄 모르는 요리를 즐기고 게스트하우스를 운영하며 주말이면 마누가 좋아하는 록클라이밍을 함께 했다.

"도대체 그녀의 무엇이 당신의 마음을 사로잡은 거죠?"

서울로 떠나는 날 공항버스 정류장까지 나를 바래다주겠다고 나서는 마누에게 내가 물었다.

"저거 봐요. 난 양치질도 못하는 여자랑 결혼했다니까요."

가방을 챙겨 내게 건네던 소피의 바지에 묻은 치약 자국을 가리키며 마누가 웃었다.

"소피는 꼭 철부지 소녀 같아요. 하지만 거짓 없이 나를 사랑해주는 여자는 처음이었어요. 덜렁거리지만 솔직한 소피가 난 이쁘기만 한 걸요."

그렇게 말하는 마누를 보고 소피가 바지에 묻은 치약을 쓰윽 닦아내며 웃었다.

41일차 바르셀로나~서울

Barcelona ~ Seoul

이른 아침 게스트하우스에서 가까운 곳에 있는 바다를 보러 나갔다. 어제 종일 앓아누워 있느라 바다 구경을 못 했기 때문이다. 지도를 보며 게스트하우스 아래쪽으로 내려갔다. 혹시 길을 잃을까봐 거리 사진을 찍어두었다. 15분쯤 걸었을까. 배들이 정박해 있는 항구가 나왔다. 그곳에서는 온전한 바다를 볼 수 없어서 항구 옆으로 난 길을 따라 걸었다.

산책 나온 개들이 주인을 따라 걷다가 길 위에 똥을 쌌다. 개들은 서로 아는 사이인지 꼬리를 흔들었다. 개 주인들은 멈춰 서서 잡담을 나누며 그들이 어울려 놀도록 시간을 주었다. 자전거를 탄 사람들이 지나갔다. 얼마 안 가서 확 트인 바다가 나왔다. 지중해였다! 아침햇살을 받은 바다가 은빛으로 빛나고 있었다. 갈매기들이 종종걸음으로 바닷가를 걸어 다니거나 바다 위를 낮게 날았다. 바닷가에는 일찍부터 온, 아니면 이곳에서 밤을 샜을지도 모르는 청춘들이 삼삼오오 모여 있었다. 아침부터 비키니와 팬티 차림으로 차가운 바다에 뛰어드는 청년도 있었다.

나는 바다와 갈매기와 사람들을 구경하다가 신발을 벗어 들고 바지를 걷어 올렸다. 그리고 갈매기들을 따라 바닷가를 걷기 시작했다. 파도가 밀려와 내 발과 갈매기들의 발을 적셨다. 바닷물이 다리를 휘감자 놀란 갈매기가 후드득 날개를 펼치며 바다 위로 날았다. 썰물 무렵인 듯 모래는 젖어 있었고, 부드러웠다. 모래 해변에 작은 조약돌들이 흩어져 있었다. 돌들은 파도에 깎이고 깎여 동글동글해져 있었다. 규나가 생각났다. 그녀에게 지중해의 파도소리를 품은 조약돌을 선물하고 싶었다. 나는 허리를 굽혀 조약돌을 줍기 시작했다. 사람 얼굴을 하고 있는 돌, 웃는 모습의 돌, 하

트 모양을 한 돌도 있었다. 마음에 드는 돌을 만나면 다른 하나를 버렸다. 바닷가에서 조약돌을 줍듯 그렇게 나는 삶을 선택하며 살아왔다. '인생은 B(Birth)와 D(Death) 사이의 C(Choice)'라고 사르트르가 말했다. 오늘은 무엇을 먹을까. 무엇을 할까. 어느 길로 갈까. 우리는 태어나서 죽을 때까지 끊임없는 선택의 갈림길에 서 있다. 나의 선택은 스스로를 기쁘게 하기도 했지만, 때로는 모난 조약돌처럼 뾰족해서 나를 찌르고 상처를 입히기도 했다. 하지만 시간의 파도가 상처를 아물게 하고 새살이 돋아나게 했다. 이 제 다시 일상으로 돌아가 나만의 조약돌을 찾기 위해 분투해야 할 시간이 되었다. 나는 몇 개의 조약돌을 호주머니에 넣고 왔던 길을 되돌아왔다.

산티아고, 그 후

스페인에서 돌아온 후 사흘 동안 잠만 잤다. 꿈속에서 나는 여전히 걸었고, 바닷가에서 조약돌을 줍기도 했다. 잠에서 깨고 나면 다리는 퉁퉁 부어 있었고, 발바닥이 시큰거려서 바닥을 디딜 수도 없었다. 여행을 떠나기 전보다 체중이 줄었다. 900킬로미터를 짱짱하게 걷고 돌아온 게 과연 나였는지, 다른 누구였는지 의심스러울 정도였다.

서울의 태양은 스페인의 메세타고원보다 더 이글거렸고, 매미는 그 어느 때보다 맹렬히 울어댔다. 집에 돌아오니 청소기는 고장이 나 있었고, 화초들은 말라가고, 욕실 실내등도 깜빡거렸다. 출판사 메일함에는 마이너스 계산서들이 쌓여가고, 처리해야 할 일들이 산적해 있었다. 판매중지로 돌아온 수천 권의 책들은 모두 폐기되었다. 페르돈고개를 지날 때 귀를 찢을 듯이 윙윙대던 바람개비 소리가 다시 들리는 것 같았다.

'모든 여행에는 자신도 모르는 비밀스런 목적지가 있다.'고 독일의 사상가 마르틴 부버는 말했다. 나는 두 발로 그 길을 걸었지만, 그것은 내면으로의 순례여행이기도 했다. 나를 믿어주지 못한 사람들 때문에 상처받았고, 그 때문에 사람을 믿지 못하게 되었다. 하지만 그것이 내 삶을 좌절시키도록 내버려둘 수 없어 나를 시험대에 올리듯 떠난 여행이었다.

인생의 틈, 그 길 위에서 만난 사람들은 나에게 손을 내밀어주었다. 그들은 사람이 사람을 믿지 못할 때 더 외로워진다는 것을, 사람은 홀로 살 수 없다는 것을 깨닫게 해주었다. 결국 내가 믿지 못한 것은 타인이 아니라 나 자신이었음을 알게 되었다.

다리 부상으로 끝까지 걷지 못하고 서울로 돌아온 선주는 다리를 치료하고 몸을 다져 1년 후 다시 스페인으로 떠났다. 그녀는 멈춘 곳에서부터 다시 걷기 시작하여 마침내 산티아고 데 콤포스텔라에 도착했다. 나는 가장 늦게 산티아고에 도착한 사람이 되었어, 라고 그녀가 웃으며 말했다.

단풍이 깊어진 가을 어느 날, 카미노에서 만나 많은 시간을 함께했던 로리와 에드워드 부부가 나를 만나러 한국으로 왔다. 이른 아침 공항에 도착한 그들을 집으로 데려와 두 딸을 만나게 하고 불고기와 된장국으로 밥을 지어주었다. 산티아고 가는 길 위에서 좋은 친구가 되어주었던 그들은 나와 함께 서울의 구석구석을 걸었다. 그들이 떠나기 전 내가 물었다.

"이곳에서 가장 좋은 게 뭐였어?"

"그야 당연히 너였지. 네가 있어서 서울이 아름다웠어."

산티아고 그 이전이나 이후나 달라진 것은 없다. 그래도 이제 두렵진 않다. 삶이 머리끄덩이를 붙잡고 휘돌려도 꿇어앉지 말라고, 나를 할퀴고 짓밟아도 굴복하지 말라고, 내가 걸었던 길들이 말해주었으므로. 나는 고장난 청소기를 고치고, 시든 화초들을 살려내고, 욕실 실내등도 갈아 끼웠다. 쉽진 않겠지만 마이너스 계산서들은 플러스로 전환시켜야 할 것이다.

어느 날 소피의 페이스북에서 두 장의 사진을 보았다. 한 가닥 자일에 의지해 높은 암벽을 한 발 한 발 기어오르는 소피와 그 아래에서 대견하다는 듯 그녀를 올려다보는 마누의 모습이 담긴 사진이었다. 그들은 여전히 믿을 수 있는 동반자이자 친구가 되어주며 살아가고 있었다. 두 번째 사진 속에서 그녀는 마치 나를 격려하듯 암벽의 중간쯤에서 돌아선 채 엄지와 검지로 V자를 만들어 보이며 환하게 웃고 있었다.

나 역시 다시 돌아온 이곳에서 새로운 순례의 길을 떠날 준비가 되어 있다. 내가 떠나 있는 동안 시계는 한번도 쉬지 않았다는 듯, 정확히 시간을 맞추며 초침을 움직이고 있었다. 나도 이제 내 삶을 다시 걸어갈 준비가 되었다. 바람에 춤추는 밀밭이 없어도, 초록 순이 돋아나는 포도밭이 보이지 않아도 내가 서 있는 지금, 여기가 산티아고 가는 길이다.

카미노 친구들로부터 온 편지
Letters from Camino friends

김장봉투를 빌려주고 저녁식사를 만들어준 그녀

잉가 릴리 | 스웨덴

나는 스웨덴의 잉가 릴리입니다. 2013년 5월 17일에서 6월 19일까지 800 킬로미터의 도보여행을 했지요. 혼자 갔지만 카미노는 절대로 혼자일 수 없는 곳입니다. 세계 각국에서 산티아고 데 콤포스텔라까지 걷기 위해 스페인에 오고, 어떤 사람들은 세상의 끝인 피니스테라까지 걷기도 합니다. 왜일까요? 거기에는 순례자들의 숫자만큼이나 많은 이유가 있겠지요.

로스 아르코스 알베르게에 도착한 날, 나는 한국에서 온 사람들과 같은 방을 쓰게 되었습니다. 그들은 모두 착했고, 나는 효정과 쉽게 말을 붙였어요. 그녀는 나에게 샤워할 때 옷을 담을 수 있는 큰 비닐백(김장봉투)을 빌려주었습니다. 우린 금세 친구가 되었지요. 그녀를 만난 날이 나에겐 아주 중요한 날이었어요. 우리는 나흘 동안 함께 걷고 이야기했습니다. 어느 저녁엔 숙소에서 효정이 저녁식사를 만들어주기도 했지요.

어느 날 오후, 나는 다음 마을까지 5킬로미터를 더 가고 싶어 했고, 효정은 그곳에 머물길 원했습니다. 우린 다음날 다시 만날 거라 생각하며 헤어졌지요. 그러나 아무리 둘러봐도 그녀는 보이지 않았습니다. 나는 그녀를 다시 만나지 못해 슬펐지만 잠시라도 그녀와 함께 걸을 수 있어서 행복했습니다. 그녀는 카미노에서 만난 정말 좋은 친구였어요. 너의 따뜻한 마음에 감사해, 효정!

My name is Inga-Lill(Lily) and I'm from Sweden. In the period 17 of May to 19 of June 2013, I walked the Camino, almost 800kilometers. I went to Spain on my own, but you will never be alone on the Camino. People from all over the world comes to Spain to walk to Santiago de Compostela. Why? There are as many reasons as there are pilgrims. And some will continue to walk all the way to the ocean, to Finisterre.

One day when I came to an Albergue in Los Arcos, I got a bed in a room together with girls from south Korea. They were very nice to me and I got to borrow a big plastic bag from Hyojung to put my clothes in, while I took a shower. This was an important day for me, because I got to know Hyojung. We stayed together, walking and talking for 4 days. One evening she also cooked us dinner at an albergue. It was very easy talking to Hyojung and we became friends.

One afternoon I wanted to continue 5 kilometer more and Hyojung wanted to stay for the night. We thought that we would meet again the next day, but we never did. That was sad I looked everywhere for Hyojung. But I'm so happy that I got to walk a part of the Camino with her. She is the nicest person you can ever meet.

Thank you, Hyojung, for your kind heart.

With Love,

Lily

스틱을 들고 혼자 걷던 씩씩한 그녀

로리 가르시아 / 칠레

우리의 삶을 바꾼 여행, 카미노 데 산티아고의 도착지인 스페인 산티아고에 다녀온 지 2년이 지났습니다. 이 여행에서 가장 소중했던 것은 길을 걸으며 만나 카미노 가족이 된 사람들인데, 그 특별한 인연 중의 한 사람이 효정입니다.

2013년 5월 17일 나는 남편 에드워드, 두 아들 에디, 아드리안과 함께 생장을 출발하여 카미노를 시작했습니다. 그것은 이루 말할 수 없을 만큼 힘든 경험이었지만 해냈다는 기쁨과 성취감, 서로에 대한 깊은 사랑을 확인할 수 있었던 여행이었습니다.

효정에 대한 첫 기억은, 우리가 '공식적으로' 만나기 전 여러 날 동안 그녀가 혼자 스틱을 들고 걷던 모습이었습니다. 그녀는 그곳을 걷던 다른 많은 사람들처럼 카미노를 완주할 준비가 된 용감하고 단호하고 강한 정신력을 가진 여성이었습니다. 그녀를 다시 보게 된 것은 우리가 아침을 먹기 위해 들어간 작은 식당에서였습니다. 그날 효정은 혼자가 아니라 몇몇 다른 여자들과 함께였지요. 나는 그녀를 다시 만나게 되어 기뻤습니다. 우리는 인사를 나누며 서로를 소개했고, 다시 볼 수 있게 되길 기대했습니다. 효정의 미소는 전염성이 강했고 순수한 기쁨을 주는 것이어서, 그녀를 볼 때마다 행복했고 지금까지도 그렇습니다.

눈을 감고 그녀의 아름다운 영혼과 미소와 다정한 눈길을 떠올립니다. 걷는 동안 그녀의 강인함, 인내, 열정, 사랑, 결단력과 겸허함을 느낄 수 있었습니다. 동시에 그녀는 혼자만의 공간과 시간도 사랑할 줄 아는 여자였습니다. 대화, 알베르게 숙박과 식사 등 우리는 함께 좋은 경험을 나누었습니다. 효정은 이내 10여 명 남짓한 카미노 가족의 일부가 되었지요. 우리로 하여금 이 길을 함께 걷게 하신 하나님께 감사드립니다.

가장 큰 축복은 같은 해 11월 우리 부부가 한국을 방문했을 때였습니다. 산티아고에서 우리는 효정을 보러 한국에 갈 것이라고 말했지만, 그녀는 우리가 정말 나타나리라고는 생각지 못한 것 같았습니다. 처음으로 방문한 그녀의 나라에서 그녀의 가족-예쁜 딸들과 부모님, 오빠, 동생-을 만나게 된 것이 무척 기뻤습니다. 평생 기억에 남을 여행이 되었지요.

정말 고마워, 효정. 너의 사랑과 우정에, 그리고 카미노의 잊지 못할 추억이 되어준 것에 대해.

It has been a little over 2 years since we arrived in Santiago, Spain marking the completion of our Camino de Santiago, a journey that changed our lives in so many ways. What I cherish the most about our journey is the people we met along "The Way", people who became part of Our Camino Family…, one of these special people is Hyojung Han("Hyo").

We started the Camino on May 17th, 2013–Edward, Eddie, Adrian and myself from St. Jean Pied-de-Port–an experience difficult to explain with words, but it evokes feelings of great joy and satisfaction for what we accomplished and deep love for the relationships we made.

My first memory of Hyo on the Camino was seeing her walking alone with her walking sticks in hand several days before "officially" meeting her. She struck me as being a very brave, determined woman, with Spiritual strength and prepared to complete this journey along with so many of us that day. A few days went by before I saw her again and I remember all of us walking into a little restaurant for breakfast – that day Hyo was not alone, she was with a few other ladies and it made me happy to see her again. We introduced ourselves and from that day forward, we looked forward to meeting again. Hyo's smile was contagious, she exuded genuine joy and every time I saw her I felt happy(this still happens today).

지금 여기,
산티아고

I close my eyes today and feel her sweet spirit, her smile and kind eyes.

This beautiful woman displayed strength, perseverance, compassion, love, determination, and humility as she walked along the way. I could also see a different side of her–a woman who loved her privacy and quiet time. We shared many wonderful experiences–conversations, albergue stays and meals together. I am grateful to God for crossing our paths. She soon became part of our growing Camino Family, which at the end of the Camino totaled about 10 or 12.

The greatest blessing was coming in November of that same year to visit Hyo in Seoul, South Korea. I am sure that she really never thought we would make it when we told her in Santiago that we would come see her. We were overjoyed to visit her country, for the first time ever, to meet her family–her beautiful daughters, mother & father, sister and brother. It was a trip that we carry in our hearts for a lifetime.

Thank you Hyo for your love, your friendship and for being an unforgettable part of our Camino memories.

 I love you!

Lori Garcia-McCammon

이 책을 쓰는 데 도움을 주신 분들께

산티아고 순례길에 좋은 안내서가 되어준 『신과 함께 가라 산띠아고 가는 길』의 저자 변정식 님. 위시백을 짜주신 카미노 카페의 베아트리체 님. 카미노에 대한 모든 정보를 얻을 수 있었던 네이버 카미노 카페(http://cafe.naver.com/camino). 이 책에 기꺼이 추천사를 써준 카미노 친구 릴리와 로리&에드워드 부부, 길 위에서 만나 길게, 혹은 짧게 동행해준 박미숙, 이윤, 정희&규대 부부, 이영미, 송정숙, 최현희, 천명기, 보람, 소민, 메리, 소피&마누 부부, 이 책의 주인공이 되어준 길동무들, 초고를 읽고 조언을 아끼지 않은 이윤, 김규나, 한봉예, 한윤정, 이상은 님께 감사드립니다. 그리고 무엇보다 제가 길 위에 있을 때 문자메시지를 보내 응원해주고 격려를 아끼지 않은 벗 혜준, 두 딸 화목과 자연, 그리고 사랑하는 어머니, 아버지, 당신들이 계셔서 끝까지 해낼 수 있었습니다.

프랑스길 Camino Francés

피니스테라

올베이로아
네그레이라
아르카
도 피노
멜리데
산티아고
데 콤포스텔라
곤사르
바르바델로
트리아
카스테야
오 세브레이로
비야프랑카
델 비에르소
폰페라다
무리아스 데
레치발도
폰세바돈
산 마르틴
델 카미노
레온
만
데
둘

깔사
데
에르마

포르투갈

대서양

프랑스

생장드피드포르

론세스바예스

팜플로나 수비리

에스테야

무엔테 라 레이나

로그로뇨

비야마요르
델 리오

아타푸
에르카

로스
아르코스

비알카사르
데 시르가

부르고스

시루에나

벤토사

온타나스

디야 데
꾸에사

이테로 데
라 베가

비야프랑카
몬테스 데
오카

스페인

● 마드리드